RÁPIDO Y FÁCIL
Sin gluten

"Gretchen combina ingredientes sabrosos con pasos simples para que la vida sin gluten sea un deleite y no una obligación. Con su propuesta quedarán saciados y familia y amigos se preguntarán si quizás la comida sin gluten sea mejor".

—Brandy Wendler, R.N., M.S.N., A.C.N.P., fundador de *A Spoonful of Wellness and Mrs. Alaska International 2012*

""¡Rápido y fácil sin gluten llenará la cocina de estupendos aromas y el estómago de exquisitas comidas!"

—Beth Hillson, autor de *Gluten-Free Makeovers*

RÁPIDO Y FÁCIL
Sin gluten

FAVORITOS NUEVOS Y CLÁSICOS EN 30 MINUTOS O MENOS

✶ Gretchen F. Brown ✶

Quarto

Título Original: Fast & Simple Gluten Free
Creación, Diseño y Producción: Fair Winds Press 2012
Texto Original: © Gretchen Brown
Edición Original: Quarto Publishing Group USA Inc. 2012
Edición en Español © Quarto Publishing Group USA Inc. 2017
Primera Edición en Español: Quarto Iberoamericana, The Quarto Group 2017

Para mi mamá, que me enseñó
a amar, reír y comer.

Índice

Introducción	9
Capítulo 1 **Básicos sin gluten**	10
Capítulo 2 **Desayunos para un buen arranque**	17
Capítulo 3 **Entrantes fáciles y bebidas**	33
Capítulo 4 **Principales rápidos y abundantes**	48
Capítulo 5 **Sopas y ensaladas exprés**	88
Capítulo 6 **Guarniciones súper rápidas**	101
Capítulo 7 **El pan de cada día en minutos**	113
Capítulo 8 **Dulzuras en un santiamén**	124
Capítulo 9 **Tiempo extra para hornear**	140
Recursos	168
Agradecimientos	169
La autora	171
Índice temático	172

Introducción

Desde que tengo memoria, adoro estar en la cocina. Es un ámbito nutricio para nuestros cuerpos, almas y mentes. La comida que preparamos allí convierte a los extraños en amigos; evoca recuerdos de personas, lugares y experiencias; brinda alegría y luz a nuestros sentidos y proporciona sustento y energía a nuestra vida.

Mi romance con la comida se inició en la cocina de mi madre, continuó en la Facultad de Ciencias de la Alimentación durante mis estudios de dietética, me condujo a la cocina de pruebas de una reconocida editorial especializada en revistas y libros de gastronomía y luego me permitió transformar mi cocina hogareña en la "oficina" donde trabajo como creadora de recetas, estilista gastronómica y fotógrafa de comidas.

Podrán imaginar el impacto y la desazón que me causó comprobar, después de incontables años de constantes dolores de estómago, fatiga y otros malestares, que el origen de los problemas residía en mi propia cocina: específicamente, en el gluten de mis alimentos. La dietista que hay en mí reconocía los síntomas, pero la sibarita que convive con ella estaba de duelo. De repente, mi cocina era un lugar extraño, amenazador. Mentalmente arranqué de mis muchos libros de cocina todos los capítulos de amasados y me esforcé por aceptar que, durante el resto de mi vida, las pizzas, la cazolería y los panes para sándwiches que podría consumir con seguridad serían congelados, envasados y carísimos.

Pero, atención… Yo amaba mi cocina. Mi voluntad y mis papilas no iban a darse por vencidas. Aunque estamos acostumbrados a usar harina de trigo con gluten –hemos cocido y amasado con ella durante cientos de años–, eso no significa que sea la única opción. Es cuestión de cambiar nuestro modo de pensar. Y es mucho más fácil hacerlo con claridad e incorporar los cambios cuando uno se siente mejor físicamente.

Sin gluten, además de no sentirme enferma ni un solo día, me convertí en pionera de un nuevo capítulo de la literatura culinaria. Lo principal ya no era lo que tenía prohibido, sino lo que tenía permitido y cómo preparar de una manera nueva y con mi sello los platos que conocía y amaba. Me puse a crear recetas tan reconfortantes, apetitosas y nutritivas para el alma como siempre, solo que ahora con unos pocos ingredientes distintos en la lista.

Es justamente por eso que escribí este libro. La comida constituye una parte importante de nuestra vida, de nuestro día a día. Y los que debemos comer sin gluten necesitamos saber que podemos hacerlo sin renunciar a lo que más nos gusta de nuestra cocina. También nosotros merecemos comidas que nos den ganas de cantar, que evoquen al instante viejos recuerdos, que despierten y deleiten nuestros sentidos. Suprimir el gluten no tiene por qué empañar los encantos de la comida.

Bon appétit!

CAPÍTULO 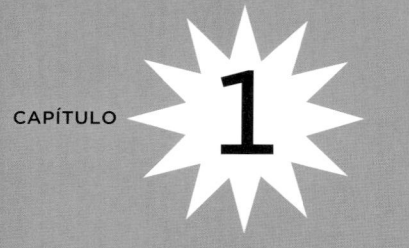 1

Básicos sin gluten

ANTES DE SUMERGIRNOS EN LAS RECETAS, HABLEMOS DE ESTE PEQUEÑO DEMONIO, EL GLUTEN.

Es una proteína que se halla en algunos granos, como el trigo, el centeno y la cebada. Está presente en panes tradicionales, pastas, bollería y otros comestibles insospechados, como salsa de soja, aliños para ensaladas, cervezas y caramelos de regaliz, por ejemplo. En algunas personas, esta pequeña proteína causa todo un espectro de síntomas y problemas, desde migrañas y erupciones cutáneas, hasta dolencias gastrointestinales severas. Los trastornos relacionados con el gluten son varios, los mencionaré brevemente.

La celiaquía es una enfermedad autoinmune crónica, por lo tanto, es más común en personas que tienen o han tenido familiares con otras enfermedades autoinmunes, como diabetes tipo 1, artritis reumatoidea o alteraciones de la tiroides. Cuando un celíaco ingiere gluten, este le provoca una reacción física tóxica que hace que el cuerpo ataque sus propios tejidos, dañando las vellosidades del intestino delgado e impidiendo la absorción de nutrientes. Para posibilitar la recuperación del organismo y prevenir futuras lesiones y enfermedades, se requiere una alimentación estrictamente libre de gluten. Nada menos que 3 millones de estadounidenses –lo que representa 1 de cada 133, y posiblemente hasta 1 de cada 100– tienen celiaquía. Debido al amplio espectro de 250 síntomas, un elevado número de pacientes permanece sin diagnosticar, incluso once años después de su primera aparición.

La sensibilidad no celíaca al gluten es algo diferente. Al contrario de lo que ocurre en la celiaquía, cuando se ingiere gluten no se producen daños en el intestino y, por lo tanto, no sobrevienen deficiencias nutricionales. Sin embargo, la ingesta de gluten causa dolores y malestares y puede afectar otras partes del cuerpo. Se estima que el 15 % de los estadounidenses sufre sensibilidad no celíaca al gluten. Igual que en la celiaquía, para mantenerse saludable se impone una dieta estricta sin gluten.

También deben adherir a la alimentación sin gluten otros grupos de individuos, como los que tienen una reacción alérgica histamínica ante el gluten, que puede causar erupciones, hinchazón, prurito e incluso shock anafiláctico, y los que padecen afecciones y desórdenes relacionados, como enfermedad de Ménière, enfermedad de Raynaud, autismo y muchos otros.

➡ CÓMO COMER

Ahora, hablemos de lo que *no* se puede comer. En la lista siguiente aparecen los máximos "culpables". Atención: la lista no es exhaustiva; muchos productos pueden contener gluten "encubierto", por eso siempre hay que leer en detalle las etiquetas para conocer todos los ingredientes.

- Trigo
- Salvado de trigo
- Germen de trigo
- Aceite de trigo
- Crema de trigo
- Trigo partido
- Burgol
- Cebada
- Malta de cebada
- Cuscús
- Trigo duro
- Escanda
- Farina
- Farro
- Harina de Graham
- Kamut
- Harina de matzá
- Centeno
- Seitán
- Sémola
- Espelta
- Triticale

También reviste extrema importancia no emplear el mismo equipamiento (envases, tostadoras, recipientes, utensilios) que se use para productos con gluten, ni consumir alimentos naturalmente libres de gluten que puedan haber sido procesados en establecimientos donde también se procesen alimentos con gluten. Hacerlo abriría las puertas a la contaminación cruzada, una enorme preocupación para la mayoría de los que necesitan evitar e gluten. Lo más importante para asegurarse de consumir productos realmente sin gluten es verificar siempre las etiquetas. Siempre.

Hablar de lo que se *puede* comer cuando se adopta la alimentación sin gluten resulta mucho más agradable. Ante el hallazgo de donas, pastelitos y brownies sin gluten, solemos olvidar que no hace falta comerlos solo porque se puede. La dietista que hay en mí les recuerda que los antojos dulces y los bocadillos repletos de carbohidratos están permitidos de tanto en tanto, pero engullir una bolsa entera de galletitas sin gluten no es mejor para la silueta, la glucemia ni la salud en general que si estuvieran elaboradas con trigo. Soy una golosa casi insaciable y he incluido en este libro una generosa selección de tentadores postres celestiales. Pero, aun así, considero importante incluir en las comidas diarias una buena cantidad de proteínas, vegetales, frutas y granos enteros sin gluten.

➡ HARINAS PARA ELEGIR

Los que comemos sin gluten tenemos a nuestro alcance un montón de atractivas harinas sin gluten. Estas harinas tienen sabores y texturas que mucha gente, acostumbrada a usar harina de trigo, jamás imaginó. ¡No pierdan la oportunidad de probarlas!

Las harinas sin gluten se dividen en dos categorías: las de grano y las féculas. Dado que la harina de trigo contiene por naturaleza estos dos elementos, para amasar se aconseja mezclar harinas de grano y féculas, ambas sin gluten.

Aquí ofrezco algunas de mis variedades favoritas de cada tipo. Esta lista no abarca todas las interesantes opciones disponibles; es, simplemente, una enumeración de las que más utilizo.

<<< Harinas de grano >>>

HARINA DE ARROZ INTEGRAL: producto de la molienda de granos de arroz entero, es mucho más rica en proteínas, fibras y nutrientes que la de arroz blanco. Si bien es densa y pesada, se integra muy bien con otras harinas. Se consigue en una gama de texturas de superfina a gruesa. La superfina resulta útil para evitar el efecto arenoso que las más gruesas podrían otorgar a las masas.

HARINA DE SORGO: también se obtiene a partir del grano entero, por lo que provee buenas dosis de fibras y proteínas. Es pesada, pero gracias a su sabor y color relativamente neutros funciona muy bien en amasados sin gluten.

HARINA DE TRIGO SARRACENO: a pesar de su nombre, no proviene del trigo. Sin embargo, por su color oscuro, su textura pesada y su alta proporción de proteínas y fibras se asemeja a la harina de trigo integral. Tiene un sabor fuerte y acentuado que se equilibra con el de otras harinas más suaves.

HARINA DE COCO: una deliciosa alternativa para una despensa libre de gluten. Rica en proteínas y fibras, baja en carbohidratos, otorga la delicadeza, el dulzor y la rica textura del coco. Sin embargo, tiende a absorber más líquido que otras harinas y por eso no resulta adecuada para mezclas.

HARINAS DE FRUTOS SECOS: se obtienen pulverizando frutos secos sin tostar. La más común es la de almendras, pero también hay de avellanas, castañas, macadamias y pistachos. Aportan altas dosis de proteínas y grasas saludables junto con un distintivo sabor nogado.

HARINAS DE LEGUMBRES: constituyen otra buena fuente de proteínas y fibras. En su mayoría se elaboran por molienda de garbanzos o habas. Poseen un marcado sabor terroso que no a todos resulta agradable. Funcionan mejor cuando se usan como componentes de mezclas.

HARINA DE TEF: proviene de un antiguo grano originario de Etiopía, rico en fibras y hierro, considerado proveedor de proteínas completas. Los diminutos granos se muelen enteros para obtener la harina, que se integra estupendamente a las masas y les confiere un sabor levemente dulzón y nogado.

HARINA DE MAÍZ: resulta de la molienda fina del maíz seco y difiere de la que sirve para hacer polenta (usualmente mal llamada "harina" de maíz, que corresponde a la molienda gruesa del maíz amarillo) y de la fécula de maíz (p. 14). Es pesada y especialmente apta para preparaciones saladas.

HARINA DE AVENA: se produce moliendo finamente avena entera. Añade a los amasados una textura incomparable y una magnífica estructura. Debe ser de una marca que ofrezca garantías de ser libre de gluten (hay empresas certificadas), para no exponerse al riesgo de contaminación cruzada.

HARINA DE ARROZ DULCE: también se conoce como "harina de arroz glutinosa", aunque no contiene gluten; el calificativo alude a sus propiedades aglutinantes. Proviene del arroz blanco de grano corto, muy feculento, y otorga a los amasados una apetitosa consistencia masticable. En mezclas, la equiparo a una fécula.

<<< Féculas >>>

ARRURUZ: se extrae de los tubérculos de la planta homónima. Es un polvo blanco y fino, similar a la fécula de maíz en sabor, aspecto y función. Ideal para espesar salsas y lograr un buen efecto crujiente en bollería.

FÉCULA DE MAÍZ: la más popular de las féculas ya ocupa un lugar en nuestras alacenas. Además de ser un eficaz agente espesante, este fino polvo blanco posee una textura tan liviana, que aporta sutileza a los amasados.

FÉCULA DE PATATA: polvo blanco elaborado a partir de almidón de patatas deshidratadas. Funciona muy bien en amasados sin gluten, que resultan más tiernos cuando la incluyen. Difiere de la harina de patata, que usa como materia prima el tubérculo entero y que aporta más su sabor característico.

TAPIOCA: mal llamada "fécula de tapioca" o "harina de tapioca", proviene de los tubérculos de la mandioca. Resulta excelente como espesante y produce un gel traslúcido. En amasados sin gluten confiere una grata textura masticable y añade estructura.

>>> Mezcla que te mezcla >>>

A diferencia de la harina de trigo multipropósito, que por naturaleza contiene almidón y gluten, su equivalente sin gluten precisa una combinación de harinas para lograr los mismos resultados. Mi versión es una mezcla de 50 % grano y 50 % fécula. Es la proporción que mejor funciona para "todo propósito" y una constante en mi cocina. También es la harina que más utilizo en las recetas que publico en Kumquat, mi blog de comida sin gluten (www.kumquatblog.com).

Según el aspecto y el sabor deseado en el producto final, se pueden intercambiar la mayoría de las harinas, dentro de su categoría (grano o fécula). Por ejemplo, es posible reemplazar la harina de tef por la de sorgo o la fécula de maíz por arruruz. Para conseguir un sabor y una textura más "integrales", conviene aumentar el porcentaje de grano; basta con asegurarse de incluir por lo menos 20 % de fécula.

✸ CONSEJO: RECUERDA EL NÚMERO MÁGICO ✸

Si tienes una balanza de cocina y te animas a adaptar recetas que no figuren en este libro y contengan gluten, te resultará de ayuda recordar que una taza de harina de trigo pesa aproximadamente 140 gramos. Entonces, cuando la reemplaces por la harina sin gluten elegida, controla que el peso de una taza sea el mismo.

Harina multipropósito sin gluten de Kumquat

PARA APROX. 8 TAZAS (1 KG)

2⅓ tazas (aprox. 300 g) de harina de arroz integral superfina
2 tazas (aprox. 200 g) de harina de sorgo
1 taza (aprox. 150 g) de harina de arroz dulce
1 taza (aprox. 150 g) de fécula de patata
1 taza (aprox. 100 g) de arruruz
¾ taza (aprox. 100 g) de fécula de maíz

Colocar todos los ingredientes en un cazo grande o un envase. Revolver o agitar para integrar bien.

Guardar en el refrigerador. Los sobrantes de harinas sin mezclar se pueden almacenar en el congelador para prolongar su vida útil y evitar que se enrancien los aceites que contienen.

>>> Sobre los agentes aglutinantes <<<

Cuando se amasa sin gluten, es preciso tener en cuenta el rol de los agentes aglutinantes. El gluten es una proteína estructural que se desarrolla al trabajar sus partículas hidratadas. Por esta razón, cuando se usa harina de trigo se amasa pan, que precisa un buen desarrollo del gluten para sostener el leudado y lograr esponjosidad, y casi no se manipula la masa para tartas, pues el desarrollo del gluten malograría su textura liviana y desmenuzable. Si suprimimos el gluten, debemos incorporar otra sustancia que otorgue la estructura deseada.

Con esta finalidad se suele adicionar a los amasados sin gluten goma xántica y goma guar, agentes aglutinantes que lo sustituyen como proveedor de estructura. No obstante, estas gomas pueden ocasionar malestares gastrointestinales. Después de soportar dolores de estómago durante años, lo que menos quiero son más dolores de estómago. Por lo tanto, no utilizo gomas ni las mismas aparecen en las recetas de este libro.

Como alternativa, las semillas de lino dorado molidas son un aglutinante formidable (y también funcionan como sucedáneo del huevo). Cuando se combinan con agua tibia forman un compuesto viscoso y adhesivo que refuerza la estructura de los amasados sin gluten. Además, constituyen una valiosa fuente de ácidos grasos omega 3 y fibra. Si bien no las incorporo a mi mezcla multipropósito de harinas —no todas las masas necesitan esta "asistencia estructural"—, sí las empleo en tortas, panes, scones, bizcochos y otras especialidades que deben mantener su forma.

>>> Mediciones exitosas >>>

Por último, quiero compartir un secreto que cambió por completo mi manera de preparar masas. Es mi balanza de cocina. Recomiendo con énfasis invertir en una y guiarse por las medidas de peso que menciono aquí en lugar de medir las harinas por tazas. El peso exacto de las harinas es decisivo para el éxito de los amasados sin gluten. Nunca estará de más repetirlo. A igual volumen, la balanza marcará un peso diferente para cada harina. Por ejemplo, una taza de harina de arroz dulce pesará mucho menos que una taza de harina de coco. Por eso, si bien las harinas son intercambiables en mezclas y recetas, al reemplazarlas conviene atenerse a las medidas de peso que suministro en todas las recetas, y no a las medidas por tazas. Si no se dispone de balanza, tamizar la harina, colocarla en la taza con ayuda de una cuchara y nivelar con un cuchillo o una espátula.

➡ RÁPIDO Y SIMPLE

En estos tiempos, todos tenemos un montón de tareas que atender, niños que llevar aquí y allá o trabajos que insumen buena parte de la jornada. Pero, aun así, nos merecemos una buena comida al final del día. Las recetas de este libro no demandarán más de 30 minutos desde el momento de disponer los ingredientes sobre la mesada hasta el de sentarse a saborearlas. La única excepción a esta regla es el último capítulo, donde reuní delicias rápidas y sencillas que requieren tiempo extra, no para su preparación, sino para su cocción en el horno. En mi opinión, ningún libro de cocina sin gluten estaría completo si no incluyera recetas de tortas, muffins, galletas y brownies; ¡no podía, pues, dejarlas fuera de este! Aun cuando se deba esperar un poco más de 30 minutos, estoy segura de que pensarán, como yo, que valen la pena.

Para disfrutar estas recetas de la manera más rápida y exitosa, sugiero poner en práctica el sistema de *mise en place*, expresión francesa que significa "colocado en el lugar". Se refiere a organizar todos los ingredientes y utensilios antes de empezar a cocer y es un concepto genial para adoptarlo en toda ocasión, más aún cuando estamos apurados.

Deseo que mis propuestas despierten el entusiasmo por las recetas sin gluten y la confianza en que pueden ser realmente rápidas, fáciles y exquisitas. ¡Que ayuden a tener corazones felices, cuerpos sanos y estómagos llenos!

CAPÍTULO 2

Desayunos para un buen arranque

 EL DESAYUNO ES LO MEJOR QUE HAY. Además del café, que siempre es un placer para mí, los aromas del tocino, los huevos con queso, los panqueques y los cereales calientes son capaces de sacarme de mi cama calentita. Para los que no podemos ingerir gluten, el desayuno puede parecer un poco decepcionante al principio, ya que muchas de las delicias que nos apetecía comer a la mañana estaban llenas de gluten. ¡Pero todas las desilusiones del desayuno terminan aquí! Panqueques, crepes, tortitas a la sartén, granolas y mucho más aparecerán en minutos en tus platos libres de gluten. ¡Y las papilas no van a extrañar nada!

Huevos en cocotte

PARA 4 PORCIONES

También llamados "huevos al plato", los huevos horneados permiten disfrutar de las proteínas matinales de un modo placentero, fácil y exquisito. Estos incorporan las vitaminas de la acelga, la nota terrosa de las setas y el dejo nogado del parmesano, para crear una fantástica combinación de sabores.

½ taza (80 g) de cebolla picada
1 diente de ajo triturado
1 cda. (14 g) de mantequilla
1 taza (70 g) de setas/hongos frescas fileteadas
1 taza (67 g) de acelga picada
1 cda. (2,40 g) de tomillo fresco picado
¼ cdita. de sal
¼ cdita. de pimienta negra
4 cdas. (20 g) de queso parmesano rallado
4 huevos grandes
4 cditas. (20 cm^3) de nata/crema doble

Precalentar el horno a 180 °C o gas 4.

En una sartén grande, a fuego medio alto, cocer la cebolla y el ajo en la mantequilla durante 3 minutos. Incorporar las setas y la acelga y cocer 3 minutos más. Sazonar con el tomillo, ⅛ cucharadita de sal y ⅛ cucharadita de pimienta.

Acomodar en una bandeja para horno 4 cazuelitas de 150 cm^3. Distribuir en ellas la preparación. En cada una, colocar 1 cda. (5 g) de parmesano rallado, cascar un huevo y verter 1 cucharadita (5 cm^3) de nata. Condimentar con el resto de la sal y de la pimienta.

Hornear durante 5 minutos. Encender el gratinador al máximo, ubicar la bandeja a 15 cm de distancia y cocer 3 minutos o hasta que las claras cuajen apenas (las yemas deben quedar casi líquidas; si no se prefieren así, seguir cociendo hasta alcanzar el punto deseado).

Omelette de queso, tomate y espinaca

PARA 2 PORCIONES

Oh là! ¡Qué buena *omelette*! Una amiga mía sostiene que "el queso suizo y el queso cremoso saborizado deberían casarse y tener un bebé". Si lo hicieran, el fruto de su perfecta unión tendría un sabor parecido al de esta *omelette*. ¡Una manera fresca y fácil de empezar el día! O de terminarlo.

5 huevos grandes
2 cdas. (30 cm^3) de leche o de un producto alternativo
¼ cdita. de sal
⅛ cdita. de pimienta negra
2 cditas. de aceite de canola
75 g de queso cremoso con ajo y hierbas
½ taza (15 g) de hojas de espinaca fresca
½ taza (90 g) de tomates en cubos
1 taza (110 g) de queso suizo rallado

Mezclar los huevos, la leche, la sal y la pimienta en un cazo mediano, revolviendo con batidor de alambre.

Calentar una sartén de 20 cm a fuego medio. Pincelarla con 1 cucharadita de aceite. Verter la mitad de la mezcla (aprox ½ taza o 120 cm^3) y cocer, sin revolver, de 2 a 3 minutos o hasta que cuaje.

Sobre una mitad de la omelette esparcir la mitad del queso cremoso, de la espinaca, de los tomates y del queso suizo. Aflojar la omelette con una espátula; doblar por el medio y dejar que los quesos se derritan. Deslizar la omelette a un plato.

Repetir con el resto de los ingredientes.

Crepes de trigo sarraceno con tocino y huevos

PARA 8 PORCIONES DE 1 CREPE

Delicadas e impactantes, y sin embargo fáciles, las crepes son panqueques delgados que aceptan rellenos salados o dulces. Esta versión sustanciosa resulta ideal para un desayuno sobre la marcha.

CREPES
⅓ taza (52 g) de harina de trigo sarraceno
¼ taza (30 g) de harina multipropósito sin gluten (p.15) u otra a elección
1 huevo grande
1½ cda. (22 cm^3) de aceite de canola
½ taza (120 cm^3) de leche o de un producto alternativo
¼ taza (60 cm^3) de agua
⅛ cdita. de sal
Aceite para la sartén

TOCINO Y HUEVOS
5 lonjas de tocino
3 huevos grandes
2 cdas. (30 cm^3) de leche o de un producto alternativo
¼ cdita. de sal
⅛ cdita. de pimienta negra
Queso cheddar rallado

Preparación de las crepes: mezclar la harina de trigo sarraceno y la harina sin gluten en un cazo mediano; integrar el huevo, el aceite, la leche, el agua y la sal. Calentar una sartén de 25 cm a fuego medio alto; pincelar con aceite. Verter ¼ taza (60 cm^3) de la pasta e inclinar la sartén para cubrir la superficie. Cocer hasta que se dore en la base, unos 30 segundos. Dar vuelta cuidadosamente con una espátula y cocer del otro lado 30 segundos más. Pasar a un plato. Continuar con el batido restante, pincelando la sartén con aceite cada vez y apilando las crepes separadas con papel encerado para que no se peguen entre sí.

Preparación del tocino y huevos: con una tijera cortar el tocino en segmentos de 2,50 cm directamente sobre otra sartén grande; cocer a fuego medio alto hasta que esté crujiente, revolviendo cada tanto. Mezclar los huevos, la leche, la sal y la pimienta en un cazo mediano; reservar. Retirar de la sartén el tocino y dejar solo 1 cucharadita de la grasa.

Bajar el fuego a medio; verter en la sartén la mezcla reservada y cocer, sin revolver, hasta que empiece a cuajar. Con ayuda de una espátula, separarla en trozos grandes. Seguir cociendo hasta que estén firmes, pero aún jugosos; no revolver constantemente.

Rellenar las crepes con el tocino, los huevos y el cheddar. Servir de inmediato.

✷ **¿LO SABÍAS?** ✷

A pesar de su nombre, el trigo sarraceno no es trigo ni contiene gluten. Es un grano entero que aporta textura, color y sabor similares a los del trigo integral cuando se usa en masas sin gluten. Su harina funciona de maravillas si se combina con otras más suaves o con una mezcla multipropósito de harinas sin gluten.

Tortitas de maíz y arándanos

PARA 9 TORTITAS DE 13 CM

Ligera (y deliciosa) variante de los panqueques tradicionales. El maíz concede una textura más firme y un gusto riquísimo, a la vez que armoniza estupendamente con el limón y los arándanos. Ve más allá y sírvelas con crema inglesa de limón; tu paladar te lo agradecerá.

- 1 taza (130 g) de harina gruesa de maíz amarillo sin gluten
- ⅓ taza (47 g) de harina multipropósito sin gluten (p. 15) u otra a elección
- 2 cdas. (26 g) de azúcar
- ½ cdita. de bicarbonato de sodio
- ¼ cdita. de sal
- ¾ taza (175 cm^3) de suero de mantequilla
- 2 cdas. (30 cm^3) de aceite de canola y adicional para la cocción
- 1 taza (145 g) de arándanos frescos
- 1 cdita. de ralladura de limón orgánico
- Arándanos adicionales para servir
- Jarabe de arce grado B o crema inglesa de limón

En un cazo mediano mezclar la harina gruesa de maíz, la harina sin gluten, el azúcar, el bicarbonato y la sal. Añadir el suero de mantequilla y el aceite; mezclar hasta obtener una pasta espesa. Integrar con suavidad los arándanos y la ralladura.

Calentar a fuego medio una plancha o sartén grande ligeramente aceitada. Sobre ella colocar la pasta dividida en porciones de ¼ taza (60 cm^3); cocer 1 ½ minuto o hasta que los bordes estén firmes y la base dorada. Dar vuelta cuidadosamente las tortitas con una espátula y cocer del otro lado 1 ½ minuto más, o hasta que estén cocidas. Servir con más arándanos y jarabe de arce o crema inglesa de limón.

✹ ¿LO SABÍAS? ✹

La harina gruesa de maíz amarillo, la harina de maíz y la fécula de maíz son productos distintos. La que lleva esta receta es la primera, ingrediente típico de los panes de maíz. La segunda es mucho más fina y sirve como alternativa en preparaciones saladas. La fécula es un polvo blanco impalpable que se obtiene del endospermo del grano.

Panqueques de zanahoria con cobertura de queso crema

PARA 5 PORCIONES DE 2 PANQUEQUES

El desayuno siempre ha sido mi comida favorita del día. ¡Probablemente porque a nadie le parece mal que a esa hora se llame "comida" a un plato lleno de tortitas! Disfrutemos sin culpa de estos deliciosos panqueques con poderosas dosis de zanahorias saludables para el corazón. Puedes comprarlas ya ralladas para acortar el tiempo de preparación y conseguir panqueques más crujientes o rallarlas finas en casa si los prefieres tiernos.

CUBIERTA

1 ⅓ taza (160 g) de azúcar glas
113 g de queso crema, ablandado
2 cdas. (30 cm^3) de leche o de un producto alternativo
1 cdita. de extracto de vainilla

PANQUEQUES

1 ½ taza (220 g) de harina multipropósito sin gluten (p. 15) u otra a elección
2 cditas. de polvo de hornear
1 ½ cdita. (3,50 g) de canela
½ cdita. de sal
¾ taza (175 cm^3) de leche o de un producto alternativo
¼ taza (60 g) de azúcar moreno compacto
1 cdita. de aceite de canola, y adicional para la sartén
2 huevos grandes
1 cdita. de extracto de vainilla
1 ½ taza (165 g) de zanahoria rallada
½ taza (43 g) de coco rallado endulzado

Preparación de la cubierta: disponer en un cazo mediano el azúcar glas, el queso crema, la leche y la vainilla; unir revolviendo con batidor de alambre. Reservar.

Preparación de los panqueques: mezclar la harina, el polvo de hornear, la canela y la sal en un cazo grande. En otro recipiente, mezclar la leche, el azúcar moreno, el aceite, los huevos y la vainilla. Agregar los líquidos a los secos y revolver con batidor hasta homogeneizar. Integrar la zanahoria y el coco.

Calentar a fuego medio una plancha aceitada. Sobre ella colocar la pasta dividida en porciones de ¼ taza (60 cm^3). Cuando la superficie comience a burbujear y los bordes estén firmes, dar vuelta los panqueques con una espátula y completar la cocción. Servir con la cubierta.

Panqueques de avena y canela con salsa de moras

PARA 4 PORCIONES DE 2 PANQUEQUES

Aumenta la fibra, el sabor y la textura de tus panqueques mañaneros con una dosis de avena. Luego, añade un toque de canela y corona con una salsa dulzona de moras frescas... ¡Qué propuesta reconfortante para saludar la mañana! Asegúrate de emplear avena certificada libre de gluten, porque muchas veces se procesa en establecimientos que también procesan trigo.

SALSA
2 tazas (290 g) de moras frescas
¼ taza (60 cm^3) de agua
2 cdas. (26 g) de azúcar
1 cdita. de fécula de maíz
2 cditas. (10 cm^3) de zumo de limón
¼ cdita. de canela

PANQUEQUES
1 ¼ taza (126 g) de avena arrollada sin gluten
¾ taza (120 g) de harina multipropósito sin gluten (p. 15) u otra a elección
2 cditas. (9 g) de polvo de hornear
1 ½ cdita. (3,50 g) de canela
¼ cdita. de sal
¾ taza (175 cm^3) de leche o de un producto alternativo
½ taza (115 g) de azúcar moreno compacto
1 cdita. de aceite de canola y adicional para la plancha
2 huevos grandes
1 cdita. de extracto de vainilla
Jarabe de arce grado B

Preparación de la salsa: colocar todos los ingredientes juntos en una cacerola pequeña. Llevar a hervor a fuego medio alto. Dejar que hierva 1 minuto, bajar la llama y cocer a fuego lento hasta que las moras estén a punto de deshacerse y la salsa espese. Reservar.

Preparación de los panqueques: en licuadora o procesadora moler la avena para obtener 1 taza colmada (126 g) de harina gruesa.

Mezclar la harina de avena, la harina sin gluten, el polvo de hornear, la canela y la sal en un cazo grande. En otro recipiente mezclar la leche, el azúcar moreno, el aceite, los huevos y la vainilla. Agregar los líquidos a los secos y revolver con batidor hasta homogeneizar.

Calentar a fuego medio una plancha aceitada. Sobre ella colocar la pasta dividida en porciones de ¼ taza (60 cm^3). Cuando la superficie comience a burbujear y los bordes estén firmes, dar vuelta los panqueques y completar la cocción. Servir con la salsa y jarabe de arce.

✴ ¿LO SABÍAS? ✴

El jarabe de arce grado B tiene un sabor característico mucho más marcado e intenso que el grado A. También suministra el doble de calcio y un mayor contenido de nutrientes en general.

Granola con coco, almendras, albaricoques y dátiles

PARA 3 TAZAS (366 G)

La granola es una tentación versátil. Mezclada con yogur, esparcida sobre fruta o servida con leche, nunca deja de agradar. Esta reúne algunos de los mejores sabores mediterráneos y se prepara de la manera más rápida posible: en la sartén.

- 1 ½ taza (127 g) de avena arrollada sin gluten
- ¾ taza (109 g) de almendras enteras sin tostar
- ¼ taza (21 g) de coco rallado endulzado
- 3 cdas. (24 g) de semillas de sésamo
- 1 cda. (7 g) de semillas molidas de lino dorado
- ¼ taza (85 g) de miel
- 3 cdas. (45 cm³) de aceite de coco
- ¼ cdita. de sal
- Pizca de cardamomo
- ½ taza (65 g) de albaricoques/damascos desecados, picados
- ⅓ taza (59 g) de dátiles picados

En un cazo mediano mezclar la avena, las almendras, el coco, el sésamo y el lino. Reservar. Colocar la miel, el aceite de coco, la sal y el cardamomo en una sartén de 30 cm. Calentar a fuego medio hasta que el aceite de coco se funda.

Incorporar la mezcla de avena y revolver para que se impregne con la miel y el aceite. Cocer, revolviendo con frecuencia, 5 minutos o hasta que se dore ligeramente, cuidando que no se queme. Integrar los albaricoques y los dátiles.

Esparcir sobre papel de hornear y dejar enfriar.

✸ ¿LO SABÍAS? ✸

El aceite de coco ha sido llamado "el aceite más saludable del mundo". Aunque sus grasas son saturadas, posee cualidades provechosas. Se compone principalmente de ácido láurico, que ofrece una larga lista de beneficios. En mi familia lo usamos para cocer, para consumir directamente del frasco y hasta para aplicarlo sobre la piel.

Panqueques de coco, plátano y macadamias

PARA 5 PORCIONES
DE 2 PANQUEQUES

Cargada de auténtico gusto a coco y recargada con fibras, la asombrosa harina de coco no puede faltar en ninguna despensa. Estos tiernos panqueques, enriquecidos con un imbatible trío de sabores tropicales, resultan muy indicados para congelar.

⅓ taza (53 g) de harina multipropósito sin gluten (p.15) u otra a elección
⅓ taza (37 g) de harina de coco
¾ cdita. de polvo de hornear
¼ cdita. de canela
⅛ cdita. de sal
½ taza (113 g) de puré de bananas
1 cda. (13 g) de azúcar
1 huevo grande
1 ¼ taza (295 cm^3) de leche de coco sin endulzar, enlatada
1 ½ cda. (22 cm^3) de aceite de coco fluido
½ cdita. de extracto de vainilla
¼ taza (34 g) de macadamias picadas
¼ taza (21 g) de coco rallado endulzado
Rodajas de bananas y macadamias adicionales para servir
Jarabe de arce grado B

Calentar a fuego medio una plancha o sartén grande. Mezclar en un cazo mediano la harina sin gluten, la harina de coco, el polvo de hornear, la canela y la sal. En otro recipiente unir el puré de banana, el azúcar, el huevo, la leche de coco, el aceite de coco y la vainilla. Agregar esta mezcla a la de harina y revolver hasta obtener una pasta espesa. Integrar las macadamias y el coco rallado.

Sobre una plancha aceitada, caliente, colocar la pasta dividida en porciones de ¼ taza (60 cm^3), extendiéndola con espátula si fuera necesario. Cocer 3 minutos o hasta que la superficie comience a burbujear y los bordes, a cuajar. Dar vuelta cuidadosamente los panqueques con una espátula y cocer del otro lado 3 minutos más o hasta que estén cocidos; dejar entibiar.

Servir con rodajas de banana, macadamias y jarabe de arce.

Crema caliente de quinua

PARA 2 PORCIONES DE 1 ½ TAZA O 260 G

Este grano antiquísimo representa una alternativa sabrosa y proteica para la avena de la mañana. Si la enriqueces con frutos rojos frescos y pacanas empezarás mejor el día.

2 tazas (470 cm^3) de agua
1 taza (173 g) de quinua
¼ cdita. de sal
¼ taza (59 cm^3) de jarabe de arce grado B
1 cda. (7 g) de semillas de lino
3 cdas. (45 cm^3) de nata/crema doble
¼ cdita. de canela
2 tazas (290 g) de arándanos frescos
1 taza (110 g) de pacanas/nueces pecán tostadas

Colocar el agua, la quinua y la sal en una cacerola mediana. Llevar a hervor; bajar la llama, tapar y cocer a fuego lento 12 minutos o hasta que la quinua absorba casi todo el líquido. Incorporar, revolviendo, el jarabe de arce, el lino, la nata y la canela.

Repartir en dos cuencos. Completar con arándanos y pacanas.

Frittata de vegetales

PARA 6 PORCIONES

Rápida y fácil, perfecta como plato principal de las mañanas.

3 cdas. (42 g) de mantequilla
1 taza (95 g) de blanco de puerro en rodajas
2 dientes de ajo, triturados
2 tazas (268 g) de espárragos en trozos de 2,50 cm
1 taza (225 cm^3) de tomates uva/cherry
8 huevos grandes
¾ taza (75 g) de queso parmesano rallado
2 cdas. (30 cm^3) de nata/crema doble
1 cdita. de albahaca fresca o ½ cdita. de la seca
1 cdita. de orégano fresco o ½ cdita. del seco
½ cdita. de sal
½ cdita. de pimienta negra
2 tazas (40 g) de rúcula
1 cda. (15 cm^3) de aceite de oliva

Precalentar el gratinador.

Derretir la mantequilla a fuego medio alto en una sartén apta para horno, de 25 cm. Agregar los puerros, el ajo y los espárragos; cocer 3 minutos. Añadir los tomates y cocer 2 minutos más.

Mientras tanto, mezclar en un cazo grande los huevos, ½ taza (50 g) de parmesano, la nata, la albahaca, el orégano, la sal y la pimienta; agitar con batidor de alambre. Verter en la sartén y revolver con suavidad para integrar.

Cocer 3 minutos o hasta que cuaje apenas. Esparcir por encima el resto del parmesano, sin revolver. Gratinar aproximadamente 2 minutos, hasta que la frittata se infle y el queso empiece a dorarse.

Cortar en triángulos. Coronar con la rúcula, rociar con el aceite y servir.

Huevos rancheros

PARA 6 PORCIONES

Sustancioso y tentador, este platillo del desayuno me lleva de vuelta a mi hogar del estado de Texas y a todos los *brunches* domingueros que compartí con mi familia y mis amigos.

1 lata (425 g) de frijoles/porotos negros refritos
2 cdas. (30 cm^3) de leche
Aceite de oliva
6 tortillas de maíz de 13 cm
1 lata (410 g) de tomates cubeteados con chiles
Spray de cocina
2 cdas. (30 g) de mantequilla
6 huevos grandes
½ taza (75 g) de queso fresco desmenuzado
¼ taza (11 g) de cilantro fresco picado
¼ cdita. de sal

En una cacerolita calentar a fuego bajo los frijoles y la leche.

Mientras tanto, encender el horno al mínimo y colocar dentro una asadera. En una sartén grande calentar a fuego medio 1 cucharadita de aceite. Incorporar las tortillas de a una y calentarlas hasta que se ablanden, aproximadamente 1 minuto, agregando aceite cuando sea necesario. Ubicar las tortillas en la asadera y mantenerlas al calor dentro del horno.

Colocar los tomates en la sartén caliente. Llevar a hervor y luego bajar el fuego para lograr una ebullición suave.

Calentar otra sartén grande a fuego medio bajo. Añadir 1 cucharadita (5 g) de mantequilla, cascar 1 huevo y freírlo. Repetir con los otros huevos.

Distribuir los frijoles sobre las tortillas. Completar cada una con un huevo y un poco de salsa de tomate. Esparcir por encima el queso, el cilantro y la sal.

Revuelto de boniatos con jamón

PARA 4 PORCIONES

Otra versión del revuelto tradicional, con un sabor distinto, muchas vitaminas y la posibilidad de aprovechar sobrantes de jamón y hierbas.

4 cdas. (60 cm^3) de aceite de oliva
2 ½ tazas (275 g) de boniatos/batatas pelados, en cubos
2 dientes de ajo, triturados
3 cdas. (30 g) de ajos chalotes, triturados
2 tazas (300 g) de jamón en cubos
2 cditas. (2 g) de tomillo picado
2 cditas. (2 g) de salvia picada
Sal y pimienta, a gusto

Calentar 3 cucharadas (45 cm^3) de aceite en una sartén grande a fuego medio alto. Incorporar los boniatos y cocer, revolviendo cada tanto, durante 10 minutos o hasta que se doren por todos lados.

Añadir el aceite restante, el ajo, los ajos chalotes y el jamón; cocer 3 minutos más. Sazonar con el tomillo, la salvia, la sal y la pimienta; revolver. Servir de inmediato.

CAPÍTULO 3

Entrantes fáciles y bebidas

AUNQUE APRECIO UN PLATO DE QUESO DE BUENA CALIDAD ACOMPAÑADO CON SABROSAS GALLETAS SIN GLUTEN, opino que un entrante debería ser igualmente fácil pero un poco más sustancioso. Un plato rebosante de nachos o una selección de *snacks* rápidos y fáciles siempre complace a las multitudes. Agreguemos algunas deliciosas bebidas para apagar la sed y calmar el antojo de dulce y tendremos todo resuelto. Ya sea para amenizar un momento de relax con amigos o para ofrecer un tentempié a los niños que han vuelto de la escuela, seguro que estas recetas harán sonreír a todos, puedan o no comer gluten.

Mezcla para toda ocasión

PARA 12 PORCIONES

Se llama así porque no es solo para reuniones ni solo para caminatas ni solo un tentempié. ¡Es una tentación para cualquier momento!

- 8 tazas (216 g) de cereales para desayuno a base de arroz
- 1 ½ taza (150 g) de pacanas/nueces pecán en mitades
- 1 ½ taza (150 g) de nueces en mitades
- 1 taza (30 g) pretzels sin gluten
- 1 taza (225 g) de mantequilla
- 1 taza (225 g) de azúcar moreno compacto
- ¼ cdita. de pimienta de Cayena
- Spray de cocina

Precalentar el horno a 180 °C o gas 4.

Mezclar los cereales, las pacanas, las nueces y los pretzels en un cazo grande. Reservar.

Disponer en una cacerola mediana la mantequilla, el azúcar moreno y la pimienta de Cayena. Llevar a hervor y dejar hervir 1 minuto. Retirar del calor; verter sobre la mezcla reservada y revolver para integrar.

Esparcir la preparación sobre una bandeja para horno muy grande, rociada con spray de cocina. Hornear 8 minutos, revolver y hornear 8 minutos más. Enfriar y guardar en un recipiente hermético… si queda algo para guardar.

Humus con cilantro y lima

PARA 6 PORCIONES DE APROX. 55 G

Le he cambiado la cara al siempre popular humus con la frescura del cilantro y de la lima, compinches indiscutidos de los nachos… ¡Así que ya no vamos a sentirnos excluidos como ante los cuencos de humus rodeados de triángulos de pan árabe!

- 1 lata (453 g) de garbanzos
- ⅔ taza (10 g) de cilantro fresco
- 1 diente de ajo
- 3 cdas. (45 cm^3) de zumo de lima fresco
- 3 cdas. (45 g) de tahine
- ½ cdita. de sal
- ¼ cdita. de pimienta negra
- ¼ cdita. de comino
- ⅛ cdita. de pimienta de Cayena
- ⅓ taza (75 cm^3) de aceite de oliva

Escurrir los garbanzos y descartar el líquido.

Disponer todos los ingredientes, excepto el aceite, en la licuadora o en la procesadora. Con la máquina en marcha, verter despacio el aceite por el orificio o el tubo de la tapa. Licuar o procesar hasta homogeneizar. Servir.

Huevos endiablados con rábano picante, tocino y cheddar

PARA 12 PORCIONES

Mi marido, fanático de los huevos endiablados, capaz de comer rábano picante hasta que se le incendia la nariz y de consumir medio kilo de tocino cada mañana, inspiró esta receta. Con un criterio más moderado, creé para él estos pequeños manjares como variante de los originales.

6 huevos grandes duros
3 cdas. (42 g) de mayonesa
1 ½ cda. (22 g) de rábano picante envasado
1 ½ cdita. (6 g) de mostaza de Dijon con granos triturados
¼ cdita. de pimienta negra
3 lonjas de tocino/panceta tostadas y desmenuzadas
2 cdas. (15 g) de queso cheddar rallado fino
1 cda. (3 g) de cebollino/cebolla de verdeo fresco picado y adicional para servir

Pelar los huevos y cortarlos por el medio a lo largo. Colocar las yemas en un cazo mediano. Acomodar las claras, con el hueco hacia arriba, en una fuente para servir.

Agregar a las yemas la mayonesa, el rábano, la mostaza y la pimienta; pisar y unir bien. Integrar el tocino, el cheddar y la cucharada de cebollino.

Con una cuchara o una manga pastelera, repartir la preparación en los huecos de las claras. Esparcir más cebollino por encima. Servir de inmediato o refrigerar.

Guacamole de mango

PARA 4 PORCIONES

No me explico por qué no todos los guacamoles llevan mango. Les juro que debería ser así.

- 2 aguacates/paltas maduros
- 1 taza (175 g) de mango en cubos
- ¼ taza (40 g) de cebolla morada en cubos
- ½ diente de ajo, triturado
- ½ a 1 chile jalapeño, sin semillas y triturado
- 2 cdas. (6 g) de cilantro fresco picado
- 1 ½ cda. (22 cm³) de zumo de lima fresco
- ¼ cdita. de sal
- ¼ cdita. de comino

Cortar los aguacates por el medio; descartar los huesos y las cáscaras. Disponer la pulpa en un cazo mediano.
Pisar con tenedor para obtener un puré rústico. Unir con los demás ingredientes. Servir de inmediato o refrigerar, tapado.

✸ CONSEJO: A RESGUARDO DEL PICOR ✸

Usa guantes de goma para manipular el chile jalapeño. Con tal de evitar que me queme la piel, a veces meto la mano dentro de una bolsa y la utilizo como guante.

Nachos a la grande

PARA 6 PORCIONES

¡Olvídate de los nachos comprados y hazlos en casa! No te vas a arrepentir. Son rápidos, fáciles, con un inigualable gusto a maíz recién tostado, tan reconfortantes y saciantes que funcionan como entrante o como plato completo.

- 8 tortillas de maíz de 15 cm, en cuartos
- Spray de cocina
- ¼ cdita. de sal
- 1 ½ cdita. de comino
- 340 g de carne picada
- 1 cda. (7,50 g) de chile en polvo
- 1 cdita. de orégano seco
- ½ cdita. de sal de ajo
- 1 lata (425 g) de frijoles/porotos negros refritos
- 3 tazas (340 g) de queso cheddar rallado
- Salsa mexicana, para servir
- Nata/crema agria, para servir
- Cilantro fresco picado, para servir
- Chiles jalapeños en rodajas, para servir

Precalentar el horno a 220 °C o gas 7.

Acomodar los trozos de tortilla, sin encimarlos, en una bandeja grande para horno rociada con spray de cocina. Rociarlos generosamente con el mismo spray; espolvorearlos con la sal y ½ cucharadita de comino. Hornear de 8 a 10 minutos o hasta que estén crujientes, para obtener los nachos.

Mientras tanto, en una sartén grande cocer la carne a fuego medio alto, revolviendo cada tanto, hasta dorarla; si fuera necesario, escurrir. Sazonar con el comino restante, el chile en polvo, el orégano y la sal de ajo.

Entretanto, calentar los frijoles en otra sartén grande, rociada con spray de cocina. Precalentar el gratinador.

Sin retirar los nachos de la bandeja, distribuir sobre ellos los frijoles, luego la carne y encima el queso. Gratinar 1 minuto o hasta que el queso se derrita.

Retirar del horno; cubrir con salsa, nata agria, cilantro y jalapeños. Servir de inmediato.

✹ CONSEJO: SPRAY SEGURO ✹

Cuando compres spray de cocina, verifica que no sea del llamado "para hornear", que contiene harina de trigo y no es libre de gluten.

Limonada con aloe

PARA 2 PORCIONES DE 355 CM^3

No hay nada más refrescante que las notas acidulces de la limonada... ¿Y quién no atesora recuerdos infantiles de aquellos puestos donde esperábamos ansiosos que los vecinos pagaran unos centavos por un vaso que calmara su sed? Los zumos del aloe y del limón brindan enormes beneficios. En esta receta, la acidez se atenúa con el agregado de estevia, que aporta la dosis justa de dulzor sin calorías.

½ taza (120 cm^3) de zumo de limón orgánico recién exprimido
½ taza (120 cm^3) de zumo de aloe vera
2 tazas (470 cm^3) de agua
20 gotas de estevia líquida

Mezclar todos los ingredientes en una jarra y revolver. Servir con hielo.

✹ ¿LO SABÍAS? ✹

Todos hemos oído que el zumo de aloe vera alivia las quemaduras, pero no se conoce tanto su increíble eficacia para calmar y curar el dolor de estómago. Al ser ingerido, el zumo recubre las paredes del intestino y contribuye a disminuir la inflamación. Es de gran ayuda para personas que sufren de úlcera, enfermedad de Crohn, celiaquía, colon irritable y sensibilidad al gluten.

Limonada con cerezas

PARA 5 TAZAS (1,20 L)

Por más que amo los dulces, vacilo ante un atracón de bebidas azucaradas. Aquí les presento el equilibrio perfecto entre el genuino dulzor de las cerezas y el ácido del limón... rematado con néctar de agave, que posee un índice glucémico inferior al del azúcar y no provoca esos indeseables picos de glucemia. Un refrescante regalo para disfrutar en un caluroso día de verano junto a la piscina, en un picnic o después de trabajar en el jardín.

2 tazas (aprox. 455 g) de cerezas frescas, sin hueso
⅔ taza (167 g) de néctar/miel de agave
1 taza (235 cm^3) de zumo de limón fresco
2 ½ tazas (590 cm^3) de agua fría
Rodajas de limón para servir

Colocar en el recipiente de la licuadora las cerezas, el néctar de agave y el zumo de limón. Licuar. Pasar a una jarra, colando a través de un colador fino y presionando para recuperar todo el líquido; descartar los sólidos. Añadir el agua a la jarra y revolver para integrar. Servir con hielo y rodajas de limón.

✶ CONSEJO: SIN HUESO CON INGENIO ✶

Si no dispones de una deshuesadora de cerezas, usa la boquilla metálica de una manga pastelera. Quita el tallo y presiona contra la boquilla el sector donde estaba. El hueso saldrá por el otro lado.

Chocolate caliente especial

PARA 2 PORCIONES GENEROSAS
(APROX. 1 TAZA O 235 CM^3)

Este imperdible chocolate espeso, riquísimo y reconfortante para el alma lleva leche de coco (que puedes sustituir con cualquier alternativa que te guste) y está endulzado con néctar natural de agave para prevenir insalubres subidas y descensos de azúcar en sangre. Pon las manos alrededor de un cálido jarro de este brebaje celestial y ahuyenta el frío.

1 lata (398 cm^3) de leche de coco sin endulzar
2 cdas. (28 g) de cacao en polvo
2 cdas. (28 g) de néctar/miel de agave
57 g de chocolate semiamargo picado fino
¼ cdita. de extracto de almendras
Pizca de sal
Coco tostado o malvaviscos, para servir

Disponer en una cacerola mediana la leche de coco, el cacao, el néctar de agave y el chocolate. Calentar la mezcla a fuego medio alto casi hasta punto de hervor, revolviendo cada tanto con batidor de alambre. Retirar del calor. Agregar el extracto de almendras y la sal; revolver bien con batidor de alambre. Servir de inmediato, coronando cada porción con coco tostado o malvaviscos.

Sidra caliente con cítricos

PARA 6 PORCIONES DE 1 TAZA O 235 CM^3

Nada mejor que este hallazgo para dar calidez al otoño y al invierno. Sus aromas llenarán no solo la nariz sino la casa entera con gratos soplos de felicidad. Esta sidra suma el inconfundible acento de los cítricos a las clásicas especias para bebidas calientes.

1 jarra (1,40 l) de sidra
3 ramas de canela de 7,50 cm
10 clavos de olor enteros
5 bayas de pimienta de Jamaica
5 vainas de cardamomo, aplastadas
1 naranja orgánica, en rodajas
1 limón orgánico, en rodajas
1 trozo de 5 cm de jengibre fresco pelado, en rodajas gruesas

Mezclar todos los ingredientes en una cacerola grande. Llevar a hervor; bajar la llama y cocer a fuego lento 15 minutos. Si se desea, colar. Servir caliente.

CAPÍTULO

Principales rápidos y abundantes

 AY, LA ETERNA PREGUNTA: "¿QUÉ HAY PARA CENAR?"
Todos la enfrentamos cada noche. Sumemos agendas apretadas, malabarismos con los niños y tareas pendientes y sentiremos deseos de gritar. Pero a no temer. Este increíble capítulo presenta un montón de respuestas sabrosas y sin complicaciones para la pregunta sobre la cena, entre ellas, muchas comidas prácticas tradicionales, de aquellas que adorábamos antes de desterrar el gluten de nuestra mesa. Favoritos rápidos, fáciles y simples, como las enchiladas de verdura y pollo (p. 62) y los espaguetis con albóndigas (p. 85), son riquísimos y gratificantes, ahora sin gluten. Hay otros para las noches en que quieran probar algo nuevo. *Bon appétit*!

Pollo al marsala

PARA 4 PORCIONES

El marsala es un vino dulce italiano que brilla en platos salados como este clásico. Impactante pero no por eso complicada, esta cena será protagonista del menú semanal y de los agasajos especiales. La guarnición ideal para absorber la monumental salsa: pastas con mantequilla o puré de patatas.

2 cdas. (30 cm^3) de aceite de oliva
4 filetes de pechuga de pollo de 115 g
¾ cdita. de sal
½ cdita. de pimienta negra
4 cdas. (32 g) de harina multipropósito sin gluten (p.15) u otra a elección
⅓ taza (53 g) de ajos chalotes picados
284 g de setas/hongos frescas fileteadas
2 cditas. (1,70 g) de salvia fresca picada
⅔ taza (160 cm^3) de caldo de ave sin gluten
⅓ taza (80 cm^3) de vino marsala
⅓ taza (80 cm^3) de nata/crema doble
1 cda. (14 g) de mantequilla

Precalentar el horno a 200 °C o gas 6.

En una sartén grande para horno calentar a fuego medio alto 1 cucharada (15 cm^3) de aceite. Sazonar los filetes de pollo con ¼ cucharadita de sal y ¼ cucharadita de pimienta; empolvarlos con 3 cucharadas (24 g) de harina. Cocerlos en el aceite caliente durante 3 minutos de cada lado o hasta que se doren apenas. Retirarlos de la sartén y mantenerlos al calor.

Calentar en la sartén el aceite restante. Incorporar los ajos chalotes, las setas, la salvia y el resto de la sal y de la pimienta. Cocer 1 minuto o hasta que las setas empiecen a ablandarse. Espolvorear con la harina restante, revolver y cocer 1 minuto. Verter el caldo y el vino, mientras se raspa con cuchara de madera el fondo de la sartén para desprender las partículas caramelizadas. Añadir, revolviendo, la nata y la mantequilla.

Colocar de nuevo el pollo en la sartén. Hornear 5 minutos o hasta que esté a punto.

✹ CONSEJO: FILETES CASEROS ✹

Si no consigues filetes de pollo en el supermercado, coloca pechugas dentro de una bolsa de plástico y aplástalas con un rodillo o con un mazo para carnes hasta dejarlas de 6 mm de espesor.

Pastel de pollo

PARA 6 PORCIONES

Una buena receta de pastel de pollo en cazuela no puede faltar en ningún hogar, ni siquiera en uno sin gluten. Esta es rápida, simple y deliciosa. Para acelerar la preparación, la cubierta se cuece por separado. Si dispones de tiempo para hacerlo al estilo tradicional, tapa con la masa cruda la cazuela que contiene el relleno y luego hornea. De uno u otro modo, panza llena y corazón contento.

- ¼ receta de masa brisée (p. 122) o un disco de masa de tarta sin gluten, prelista
- 1 huevo grande, ligeramente batido
- 2 cdas. (28 g) de mantequilla
- 1 taza (160 g) de cebolla picada
- ½ taza (50 g) de apio picado
- 2 tazas (260 g) de mezcla congelada de guisantes/arvejas y zanahorias, o de hortalizas surtidas
- ⅓ taza (47 g) de harina multipropósito sin gluten (p. 15) u otra a elección
- 2 tazas (470 cm^3) de caldo de ave sin gluten
- 1 taza (235 cm^3) de nata/crema doble
- 3 tazas (420 g) de pollo cocido, picado
- 1 cdita. de sal
- ½ cdita. de pimienta negra
- ¾ cdita. de tomillo seco
- ½ cdita. de ajo en polvo

Precalentar el horno a 200 °C o gas 6.

Extender la masa para obtener un disco de 20 cm. Apoyarla en una bandeja para horno cubierta con papel de hornear, pincelar con el huevo y hornear durante 14 minutos o hasta que se dore.

Mientras tanto, derretir la mantequilla en una sartén grande a fuego medio alto. Añadir la cebolla y el apio y cocer 2 minutos. Sumar la mezcla de hortalizas y cocer 2 minutos más. Espolvorear con la harina y cocer 1 minuto, revolviendo cada tanto.

Verter el caldo y la nata; revolver bien, raspando con cuchara de madera el fondo de la sartén. Agregar el pollo, la sal, la pimienta, el tomillo y el ajo en polvo. Llevar a hervor, bajar la llama y cocer hasta que espese.

Pasar la preparación a una cazuela redonda de 1,40 l. Cubrir con la masa cocida. Servir de inmediato.

Saltimbocca de pollo

PARA 4 PORCIONES

Se dice que los italianos le pusieron este nombre porque sus sabores vehementes saltan en la boca. Para acompañar este plato simple, rapidísimo y elegante sirve fideos sin gluten con mantequilla y una copa de vino blanco.

- 4 filetes de pechuga de pollo de 115 g
- ¼ cdita. de sal
- ¼ cdita. de pimienta negra
- 12 hojas de salvia
- 4 lonjas delgadas de jamón crudo, en mitades a lo largo
- 1 cda. (14 g) de mantequilla
- 1 cda. (15 cm³) de aceite de oliva
- ½ taza (120 cm³) de caldo de ave sin gluten
- ½ cdita. de fécula de maíz
- ¼ taza (60 cm³) de vino blanco

Sazonar los filetes de pollo con la sal y la pimienta. Colocar sobre cada uno 3 hojas de salvia y envolver con 2 tiras de jamón. Calentar la mantequilla y el aceite en una sartén grande a fuego medio alto. Incorporar el pollo y cocer de 2 a 3 minutos de cada lado o hasta que esté a punto.

Mientras tanto, mezclar el caldo y la fécula en un tazón; reservar. Retirar el pollo de la sartén y mantener al calor.

Verter el vino en la sartén, mientras se raspa el fondo con cuchara de madera para desprender las partículas caramelizadas. Añadir el caldo con fécula y cocer 2 minutos o hasta que la salsa espese.

Bañar el pollo con la salsa y servir.

✸ **CONSEJO: FILETES CASEROS** ✸

Si no consigues filetes de pollo en el supermercado, coloca pechugas dentro de una bolsa de plástico y aplástalas con un rodillo o con un mazo para carnes hasta dejarlas de 6 mm de espesor.

Salteado de pollo

PARA 4 PORCIONES

Si eres como yo, has de extrañar la buena cocina asiática desde que empezaste a comer sin gluten. Este salteado será sin duda un acierto que te convencerá de que no te estás perdiendo nada. Además, podrás aprovechar vegetales que hayan quedado en el cajón de las verduras. Incorpora los que te apetezcan para disfrutar un plato enteramente a tu gusto.

- 1 taza (130 g) de zanahorias peladas, en rodajas de 1,20 cm
- 1 taza (71 g) de ramilletes de brócoli
- 1 taza (70 g) de setas/hongos frescas, en cuartos
- 1 taza (75 g) de guisantes/arvejas dulces partidos
- 1 taza (100 g) de apio en rodajas de 1,30 cm
- 1 taza (100 g) de cebolletas en rodajas de 1,30 cm
- 2 dientes de ajo, triturados
- 1 cda. (6 g) de jengibre fresco pelado y triturado
- 3 cdas. (45 cm^3) de aceite de oliva, divididas
- 455 g de filetes de pechuga de pollo, en trozos de 2,50 cm
- 1 taza (235 cm^3) de caldo de ave sin gluten
- ⅓ taza (80 cm^3) de salsa de soja tamari sin gluten
- ¼ taza (60 cm^3) de mirin
- 2 cdas. (26 g) de azúcar
- 1 cda. (8 g) de fécula de maíz
- 1 cdita. de aceite de sésamo
- ½ cdita. de chile seco en escamas
- 2 cditas. (5 g) de semillas de sésamo tostadas
- 3 tazas (585 g) de arroz integral cocido, caliente

En un cuenco grande mezclar las zanahorias, el brócoli, las setas, los guisantes, el apio, las cebolletas, el ajo y el jengibre.

En una sartén grande o un wok calentar a fuego entre medio alto y alto 1 cucharada (15 cm^3) de aceite de oliva. Agregar el pollo y cocer, revolviendo cada tanto, durante 5 minutos o hasta que se dore.

Mientras tanto, mezclar en un tazón el caldo, la salsa tamari, el mirin, el azúcar, la fécula, el aceite de sésamo y el chile en escamas. Reservar.

Pasar el pollo a un cuenco grande y mantener al calor.

Añadir a la sartén o al wok 1 cucharada (15 cm^3) de aceite de oliva. Incorporar la mitad de los vegetales mezclados y cocer 2 minutos o hasta que estén tiernos; reservar en el cuenco con el pollo. Sumar a la sartén o al wok el aceite de oliva restante; cocer el resto de los vegetales 2 minutos. Añadir el pollo.

Verter el caldo enriquecido que se había reservado y cocer 3 minutos o hasta que la salsa espese. Esparcir el sésamo. Servir con el arroz.

✱ ¿LO SABÍAS? ✱

La salsa tamari sin gluten se elabora con judías/porotos de soja y no contiene trigo. Excelente alternativa para la salsa de soja común, su color y sabor son más intensos.

Pollo al limón estilo chino

PARA 4 PORCIONES

Por todas esas veces que pasaste de largo frente al restaurante chino, consciente de que un bocado de comida con gluten sería perjudicial para tu salud, aquí tienes algo que vale la pena: un pollo agridulce con una salsa picantona. ¡No dejes de probarlo!

1 taza (235 cm^3) de aceite de canola
½ taza (65 g) más 1 cdita. (3 g) de fécula de maíz
905 g de pechuga de pollo, en trozos de 5 cm
½ taza (120 cm^3) de caldo de ave sin gluten
2 cditas. (4 g) de ralladura de limón fresca
5 cdas. (75 cm^3) de zumo/jugo de limón fresco
1 cda. (15 cm^3) de salsa de soja tamari sin gluten
3 cdas. (45 g) de azúcar moreno compacto
1 cdita. de aceite de sésamo
1 cdita. de sal
¼ a ½ cdita. de chile seco en escamas, machacado
¼ taza (25 g) de cebolletas/cebollas de verdeo picadas
2 dientes de ajo, triturados
1 cdita. de jengibre fresco pelado y picado
1 cda. (8 g) de semillas de sésamo

Calentar el aceite en una sartén grande a fuego medio alto. Mientras tanto, colocar ½ taza (65 g) de fécula dentro de una bolsa con cierre hermético de 3,70 l. Introducir el pollo, cerrar y sacudir para que se empolve. Pasarlo a la sartén y cocerlo 3 minutos de cada lado o hasta que esté dorado y cocido. Si fuera necesario, cocerlo en dos tandas. Escurrir sobre papel absorbente.

Mientras tanto, en un cuenco mediano mezclar el caldo, la fécula restante, la ralladura y el zumo de limón, la salsa tamari, el azúcar moreno, el aceite de sésamo y el chile en escamas. Reservar.

Retirar de la sartén el exceso de aceite y dejar solo 1 cucharadita. Agregar las cebolletas, el ajo y el jengibre; cocer 30 segundos. Verter el caldo enriquecido que se había reservado mientras se raspa con una cuchara de madera el fondo de la sartén para desprender las partículas caramelizadas. Llevar a hervor, bajar la llama y cocer a fuego lento 1 minuto o hasta que espese. Retirar del calor; incorporar el pollo y revolver. Esparcir el sésamo. Servir de inmediato.

✹ SUGERENCIA PRÁCTICA ✹

La expresión francesa *mise en place*, cuya traducción literal es "colocado en el lugar", significa disponer en el lugar de trabajo, antes de empezar a cocer, todos los ingredientes y utensilios necesarios. Exige un poquitín de dedicación previa, pero ahorra un tiempo que vale oro.

Tortitas de cangrejo clásicas

PARA 4 PORCIONES

El pan rallado sin gluten pone este emblemático entrante marino en la lista de platos permitidos. Con el leve crujir de su cubierta y la característica delicadeza de su interior, las tortitas resultan livianas y frescas. ¡Este plato está entre mis favoritos, a no dudarlo!

- 2 cdas. (12 g) de cebolletas/cebollas de verdeo picadas
- 2 cdas. (6 g) de perejil picado
- ¼ cdita. de pimentón
- ¼ cdita. de sal
- ⅛ cdita. de pimienta de Cayena
- 3 cdas. (42 g) de mayonesa
- 1 cda. (11 g) de mostaza de Dijon
- 1 cdita. de zumo/jugo de limón fresco
- 1 huevo grande
- 455 g de carne de cangrejo desmenuzada, escurrida y sin restos de caparazón
- 1 ¼ taza (145 g) de pan rallado sin gluten
- ½ taza (120 cm^3) de aceite de oliva
- Rodajas de limón, para servir

En un cuenco mediano mezclar las cebolletas, el perejil, el pimentón, la sal, la pimienta de Cayena, la mayonesa, la mostaza, el zumo de limón y el huevo. Integrar el cangrejo y ½ taza (60 g) de pan rallado. Dividir en 8 porciones y formar tortitas. Rebozarlas con el resto del pan rallado.

Calentar ¼ taza (60 cm^3) de aceite a fuego medio alto en una sartén grande. Acomodar 4 tortitas; cocer 3 minutos de cada lado o hasta que se doren. Retirar y mantener al calor. Repetir con el aceite y las tortitas restantes. Servir con rodajas de limón.

Hamburguesas de pavo

PARA 4 PO[RCIONES]

¿Temes que las hamburguesas de pavo resulten secas como discos de hoc[key]? Despreocúpate. Estas son tan jugosas y "conjugan" tantos sabores que hace[n agua] la boca. Si quieres recibir aplausos, sírvelas con guacamole de mango (p. 3[8]).

- 455 g de pavo molido
- 2 dientes de ajo, triturados
- 1 cda. (7 g) de comino
- ½ cdita. de chile en polvo
- ½ chile jalapeño, sin semillas y triturado
- 3 cdas. (8 g) de cilantro picado
- 1 cdita. de sal
- ½ cdita. de pimienta negra
- 4 tajadas de queso Pepper jack
- 4 bollos para hamburguesas sin gluten
- Tajadas de aguacate/palta, para servir
- Rodajas de tomate, para servir

Precalentar el grill. En un cuenco mediano mezc[lar] ajo, el comino, el chile en polvo, el jalapeño, el ci[lantro], pimienta. Dividir en 4 porciones. Formar hambur[guesas de] 1,90 cm de espesor. Hundir levemente el centro [de cada una].

Grillar las hamburguesas 5 minutos; dar vuelta y g[rillar] más o hasta que estén casi a punto. Disponer sob[re cada una] 1 tajada de queso y grillar 1 minuto más o hasta [que el queso] se derrita y las hamburguesas estén cocidas.

Armar sándwiches con los bollos, las hamburgue[sas,] el tomate y los aderezos que se prefieran.

Sándwiches grillados de queso y pavo

PARA 4 PORCI[ONES]

En esta versión de un plato siempre apetecible he combinado algunos de los [sabores del] otoño que más amo, como el de la mantequilla de manzana y el de la salvia.

- 8 rebanadas de pan de sándwich sin gluten
- ½ taza (125 g) de mantequilla de manzana
- 227 g de queso brie, en tajadas
- 8 tajadas de embutido de pavo
- 1 cdita. de salvia fresca picada
- 8 cditas. (37 g) de mantequilla

Untar un lado de cada rebanada de pan con 1 cuch[arada de] mantequilla de manzana. Sobre cuatro rebanadas [disponer] embutido de pavo y la salvia. Cubrir con las rebana[das restantes].

Calentar a fuego medio alto una sartén grande o u[na plancha]. Bajar el fuego a medio y derretir 1 cucharadita de [mantequilla]. Acomodar 2 sándwiches y cocer de 1 a 2 minutos [o hasta que] se doren. Añadir otra cucharadita de mantequilla y [dar vuelta los] sándwiches; cocer de 1 a 2 minutos más. Repetir c[on los restan]tes. Servir de inmediato.

...esana de berenjenas

PARA 6 PORCIONES

...s la expresión más refinada y fácil de la cocina italiana casera a base de ...ideos sin gluten con mantequilla, buen vino y luz de velas serán los mejores ...tos.

...g) de salsa de tomate y
... gluten
...njenas, sin pelar y en
...,20 cm
...des
...ula de maíz
...e pan rallado sin gluten
...e queso parmesano
½ c... aj... en polvo
½ cdita. de orégano seco
½ taza (120 cm³) de aceite de oliva
Spray de cocina
2 tazas (230 g) de mozzarella rallada
Perejil picado para servir

Colocar la salsa en una cacerola mediana y llevar a hervor; bajar la llama y cocer a fuego lento.

Espolvorear las berenjenas con la sal. Unir los huevos con la fécula en una fuente playa; en otra, mezclar el pan rallado, el parmesano, el ajo en polvo y el orégano. Pasar las rodajas de berenjena primero por la mezcla de huevo y luego por la de pan rallado; reservar.

Precalentar el gratinador. Calentar ¼ taza (60 cm³) de aceite en una sartén grande. Acomodar tantas rodajas de berenjenas como quepan. Cocer 2 minutos de cada lado o hasta que se doren. Disponer las rodajas, encimándolas apenas si fuera necesario, en una fuente para horno de 33 x 23 cm rociada con spray de cocina. Continuar con el aceite y las berenjenas restantes.

Al finalizar, cubrir con la salsa caliente y la mozzarella. Gratinar 1 minuto o hasta que la mozzarella esté derretida y burbujeante. Esparcir el perejil por encima.

Estofado de Frogmore

PARA 6 PORCIONES

Esta cazuela típica de la costa sur de los Estados Unidos se conoce también como *Low Country Boil* (Cocido del país bajo). Es realmente práctica y tan fácil de hacer como hervir agua. Para disfrutar con un toque de limón, salsa cóctel y montones de amigos.

3,70 l de agua
1 botella (355 cm^3) de cerveza sin gluten
¼ taza (113 g) de condimento Old Bay
4 dientes de ajo, aplastados
2 hojas de laurel
905 g de patatas/papas rojas, en cuartos
905 g de kielbasa (salchicha polaca) sin gluten, en trozos de 7,50 cm
4 mazorcas de maíz frescas, peladas y cortadas en tercios
905 g de langostinos grandes, sin pelar

En una olla grande de hierro colocar el agua, el condimento Old Bay, el ajo y el laurel; llevar a hervor. Incorporar las patatas y la salchicha; cocer 8 minutos.
Añadir las mazorcas de maíz y cocer 3 minutos. Agregar los langostinos y cocer 2 minutos o hasta que estén a punto. Antes de servir, colar y descartar el laurel.

✹ CONSEJO ✹

¿Sabías que casi todas las cervezas se elaboran con cebada o trigo, lo que las deja fuera de la mesa de los que debemos evitar el gluten? Afortunadamente, existen unas cuantas libres de gluten, que se obtienen a partir de granos seguros como mijo, arroz, sorgo, trigo sarraceno y maíz. A la hora de comprar, lee con atención las etiquetas.

Enchiladas de verdura y pollo

PARA 6 PORCIONES

Con genuino sello tex-mex, directo desde el corazón de esta muchacha de Texas. Las he servido incontables veces en cenas con familia y amigos. ¡Siempre son un éxito, un apetitoso bocadito de mi tierra!

½ taza (80 g) de cebolla picada
1 diente de ajo, triturado
2 cditas. (10 cm³) de aceite de oliva
1 paquete (283 g) de espinaca congelada, descongelada y escurrida
1 lata (113 g) de chiles verdes picados
½ cdita. de comino
½ cdita. de sal
¼ cdita. de pimienta negra
1 pote (227 g) de nata/crema agria
115 g de queso crema
⅓ taza (87 g) de salsa
½ taza (120 cm³) de caldo de ave sin gluten
2 tazas (280 g) de pollo cocido, picado
Spray de cocina
12 tortillas de maíz de 15 cm, entibiadas
2 tazas (230 g) de queso Monterey jack rallado
Salsa mexicana, para servir

En una sartén grande, cocer a fuego medio alto la cebolla y el ajo, con el aceite, durante 3 minutos. Agregar la espinaca, los chiles, el comino, la sal, la pimienta, la nata, el queso, la salsa y el caldo. Llevar a hervor suave.

Colocar el pollo en un cuenco mediano. Unir con la mitad de la preparación de espinaca.

Precalentar el gratinador. Con 2 cucharadas (30 cm³) de la preparación de espinaca untar la base de una fuente para horno de 33 x 23 cm rociada con spray de cocina.

Sumergir una tortilla en la preparación restante, para que se ablande. Rellenar con 2 cucharadas (18 g) de la mezcla de pollo y enrollar para formar la enchilada. Repetir con las tortillas y el relleno restantes.

Acomodar las enchiladas en la fuente para horno. Si hubiese sobrado preparación de espinaca, verterla por encima. Esparcir el queso y gratinar durante 1 minuto o hasta que se derrita y empiece a dorarse. Servir con más salsa, si se desea.

Picadillo de pavo

PARA 4 PORCIONES

En su versión original, este sabroso y vivificante plato cubano se hace con carne de res, que aquí he reemplazado por pavo, más magro. ¡Les prometo que no echarán de menos la grasa!

- 1 taza (160 g) de cebolla picada
- 2 dientes de ajo, triturados
- 2 cditas. (10 cm^3) de aceite de oliva
- 455 g de pavo molido
- 1 lata (410 g) de tomates en cubos, sin escurrir
- ½ chile jalapeño, sin semillas y triturado
- ½ taza (50 g) de aceitunas verdes rellenas con pimiento, picadas
- ⅓ taza (50 g) de pasas de uva rubias
- ⅓ taza (37 g) de almendras fileteadas, tostadas
- 2 cditas. (5 g) de chile en polvo
- 1 cdita. de comino
- 1 cdita. de sal
- ½ cdita. de orégano seco
- ¼ cdita. de canela
- ¼ cdita. de pimienta negra

En una sartén grande cocer a fuego medio alto la cebolla y el ajo, con el aceite, durante 3 minutos. Añadir el pavo y cocer hasta que se dore. Incorporar los tomates, el jalapeño, las aceitunas, las pasas, las almendras, el chile en polvo, el comino, la sal, el orégano, la canela y la pimienta; cocer a fuego lento 3 minutos. Servir de inmediato, con tortillas de maíz artesanales (p. 114) o con pan de maíz y miel a la sartén (p. 118), si se desea.

✶ CONSEJO: PARA RESGUARDARSE DEL PICOR ✶

Usa guantes de goma para manipular el chile jalapeño. Con tal de evitar que me queme la piel, a veces meto la mano dentro de una bolsa y la utilizo como guante.

Bistec grillado con glaseado de naranja

PARA 4 PORCIONES

Esta receta demuestra que con unos pocos ingredientes cotidianos se puede preparar una cena que hará delirar de entusiasmo a amigos y familia. El vinagre balsámico y la naranja casan a la perfección y al reducirse forman un delicioso glaseado agridulce sin gluten. Ofrece puré de patatas con ajo, hierbas y tocino (p. 108) para completar la comida y absorber hasta la última gota de glaseado.

- 680 g de bistec, en un trozo
- ½ cdita. de sal
- ¼ cdita. de pimienta negra
- ½ taza (120 cm^3) de vinagre balsámico
- ¼ taza (40 g) de ajos chalotes triturados
- 2 cdas. (30 cm^3) de zumo/jugo de naranja
- 1 cdita. de ralladura de naranja orgánica
- 1 cda. (14 g) de mantequilla

Precalentar el grill.

Sazonar el bistec con la sal y la pimienta. Grillar 4 minutos de cada lado o hasta alcanzar el punto deseado. Dejar reposar 5 minutos.

Mientras tanto, mezclar en una cacerolita el vinagre, los ajos chalotes, el zumo y la ralladura de naranja y la mantequilla. Llevar a hervor; dejar que hierva de 5 a 6 minutos o hasta que se reduzca a ¼ taza (60 cm^3).

Cortar el bistec a contrafibra en tajadas de 6 mm de espesor. Servir rociado con la salsa.

Piccata de mero

PARA 4 PORCIONES

Ya que las alcaparras, el limón y el vino blanco son compañeros casi obligados del pescado, esta versión marina de la itálica *piccata* surge casi sin pensarlo. Liviana, fresca y deliciosa.

4 filetes de mero de 168 g
¼ cdita. de sal
¼ cdita. de pimienta negra
¼ taza (35 g) de harina multipropósito sin gluten (p. 15) u otra a elección
2 cdas. (28 g) de mantequilla
1 cda. (15 cm³) de aceite de oliva
½ taza (120 cm³) de zumo/jugo de limón fresco
¼ taza (60 cm³) de vino blanco
1 cda. (14 g) de mantequilla
3 cdas. (26 g) de alcaparras
3 cdas. (8 g) de perejil picado

Sazonar los filetes de mero con sal y pimienta; empolvarlos de ambos lados con la harina. En una sartén grande calentar a fuego medio alto las 2 cucharadas (28 g) de mantequilla y el aceite. Incorporar los filetes y cocer hasta que estén dorados y cocidos, aproximadamente 5 minutos de cada lado. Retirar de la sartén.

Verter en la sartén el zumo de limón y el vino, mientras se raspa el fondo con cuchara de madera para desprender las partículas caramelizadas. Cocer 2 minutos o hasta que espese ligeramente. Retirar del calor. Agregar la mantequilla restante, las alcaparras y el perejil. Servir la salsa sobre el pescado.

Carne al estilo mongol

PARA 4 PORCIONES

Bienvenidos una vez más al encuentro con mis platos asiáticos favoritos de siempre. Carne tierna, cebolletas frescas y una salsa de aroma intenso... Fácil, tentador e impactante.

1 cda. (15 cm³) de aceite de oliva
455 g de un corte de carne de res de poco espesor, en tajadas de 6 mm a contrafibra
3 cdas. (45 cm³) de salsa de soja tamari sin gluten
1 cdita. de azúcar
1 cdita. de fécula de maíz
1 cda. (16 g) de salsa hoisin sin gluten
1 cdita. de vinagre de arroz
1 cdita. de aceite de sésamo
½ cdita. de chile seco en escamas
3 dientes de ajo, triturados
1 cda. (6 g) de jengibre fresco pelado y triturado
8 cebolletas, en trozos de 5 cm
4 tazas (780 g) de arroz integral cocido

Calentar el aceite de oliva en una sartén grande a fuego medio alto. Incorporar la carne y cocer, revolviendo cada tanto, durante 4 minutos o hasta que se dore.

Mientras tanto, mezclar en un tazón la salsa tamari, el azúcar, la fécula, la salsa hoisin, el vinagre, el aceite de sésamo y el chile en escamas; revolver para disolver la fécula.

Añadir a la sartén el ajo y el jengibre; cocer 1 minuto. Sumar las cebolletas y cocer 30 segundos más. Agregar la mezcla de fécula y cocer 1 minuto o hasta que la salsa espese y recubra la carne. Servir con el arroz integral.

✷ ¿LO SABÍAS? ✷

La salsa tamari sin gluten se elabora con judías/porotos de soja y no contiene trigo. Excelente alternativa para la salsa de soja común, su color y su sabor son más intensos. La salsa hoisin sin gluten se produce a partir de la tamari.

Pizza de mozzarella con piñones, pasas de uva y rúcula

PARA 8 A 10 PORCIONES

Imposible perderse esta pizza. La dulzura de las pasas, la delicadeza de la mozzarella fundida, la nota crocante de los piñones, la aguda frescura de la rúcula y la sutil acidez de la piel de limón. Repito: imperdible.

1 receta de masa de pizza sin gluten (p. 141), extendida y cruda
Aceite de oliva para pincelar
½ cdita. de ajo en polvo
2 tazas (230 g) de mozzarella rallada
227 g de *bocconcini* (bolitas de mozzarella)
¼ taza (35 g) de piñones/almendras, tostados
¼ taza (38 g) de pasas de uva corinto
2 cdas. (30 cm^3) de aceite de oliva
1 cdita. de ralladura de limón fresca
¼ cdita. de ajo triturado
½ taza (10 g) de rúcula, para servir

Precalentar el horno a 230 °C o gas 8.

Colocar la masa en una bandeja para horno o en una piedra para pizza. Pincelar con el aceite y espolvorear con el ajo en polvo. Distribuir por encima la mozzarella rallada y los *bocconcini*. Esparcir los piñones y las pasas. Hornear 16 minutos o hasta que el queso se derrita y la masa se dore.

Mientras tanto, mezclar en una cacerolita el aceite, la ralladura de limón y el ajo. Calentar a fuego medio bajo 5 minutos. Apagar el fuego y dejar reposar 5 minutos. Colar y descartar los sólidos.

Rociar de manera pareja la pizza con el aceite perfumado y esparcir por encima la rúcula. Cortar en triángulos.

✸ CONSEJO: TOSTADO IMPECABLE ✸

Los piñones se pueden tostar en el horno a 180 °C o gas 4 de 6 a 8 minutos o en una sartén, de 1 a 2 minutos, hasta que despidan buen aroma y se doren apenas.

Pizza con salsa barbacoa

PARA 8 10 10 PORCIONES

Feliz ocasión la del regreso de la pizza a nuestra mesa. Esta, cubierta de pollo, salsa barbacoa y cilantro fresco, siempre ha sido una de mis preferidas. Ah… te doy la bienvenida, mi rica amiga.

1 ¼ taza (350 g) de salsa barbacoa sin gluten
2 tazas (280 g) de pollo cocido, picado
1 receta de masa de pizza sin gluten (p. 141), extendida y cruda
Aceite de oliva para pincelar
½ cdita. de ajo en polvo
2 tazas (230 g) de queso Monterey jack rallado
⅓ taza (55 g) de cebolla morada en rodajas finas
4 lonjas de tocino/panceta tostadas y desmenuzadas
⅓ taza (15 g) de cilantro picado
¼ taza (25 g) de cebolletas/cebollas de verdeo picadas

Precalentar el horno a 230 °C o gas 8.

En un cuenco mediano mezclar el pollo con ½ taza (125 g) de salsa barbacoa; revolver para que se impregne. Colocar la masa en una bandeja para horno o en una piedra para pizza. Pincelar con el aceite y espolvorear con el ajo en polvo. Untar con el resto de la salsa barbacoa. Cubrir con la mitad del queso, la cebolla morada, el tocino, el pollo y el resto del queso.

Hornear 16 minutos o hasta que el queso se derrita y la masa esté cocida. Esparcir por encima el cilantro y las cebolletas. Cortar en triángulos.

Tilapia a la sartén con cítricos y tomates

PARA 4 PORCIONES

Los tomates y los cítricos son un ingrediente fresco y sabroso de este pescado blanco de gusto suave. ¡Aprovéchalos en temporada, cuando están maduros, para lograr una espléndida comida de verano!

- 1 cdita. de sal
- ½ cdita. de pimienta negra
- 4 filetes de tilapia de 168 g
- 1 cda. (15 cm³) más 2 cditas. (10 cm³) de aceite de oliva
- 1 taza (180 g) de tomates en cubos
- ½ taza (80 g) de cebolla morada en cubos
- 2 cditas. (4 g) de ralladura de limón orgánico
- 2 cditas. (4 g) de ralladura de naranja orgánica
- 2 cdas. (30 cm³) de zumo/jugo de limón fresco
- 2 cdas. (30 cm³) de zumo/jugo de naranja fresco
- 1 diente de ajo, triturado
- ⅓ taza (75 cm³) de vino blanco

Sazonar los filetes de tilapia con ½ cucharadita de sal y ¼ cucharadita de pimienta. En una sartén grande calentar a fuego medio alto 1 cucharada (15 cm³) de aceite; añadir los filetes y cocer 4 minutos de cada lado. Mientras tanto, mezclar en un cuenco mediano los tomates, la cebolla, las ralladuras, los zumos, el ajo y el aceite, la sal y la pimienta restantes; reservar. Retirar los filetes de la sartén y mantener al calor. Verter el vino y raspar con cuchara de madera el fondo de la sartén para desprender las partículas caramelizadas. Sumar la mezcla de tomates y cocer, revolviendo cada tanto, durante 2 minutos. Distribuir sobre los filetes y servir de inmediato.

✸ **CONSEJO: LA RALLADURA PRIMERO** ✸

Cuando tengas que usar ralladura y zumo de cítricos, ralla primero la piel y luego exprime la fruta.

Tiritas de pollo rebozadas con pacanas

PARA 4 PORCIONES

¡La comida que enloquece a los chicos también apetece a los adultos! Con la sazón adecuada y la crujiente presencia de las pacanas, estas tiritas harán las delicias de todos y se incorporarán para siempre al menú semanal.

1 cdita. de fécula de maíz
1 huevo grande
⅔ taza (73 g) de pacanas/nueces pecán picadas finas
⅔ taza (77 g) de pan rallado sin gluten
1 cdita. de sal
½ cdita. de orégano seco
½ cdita. de pimentón
¼ cdita. de pimienta de Cayena
¼ cdita. de pimienta negra
455 g de tiritas de pollo
½ taza (120 cm^3) de aceite de oliva
Mostaza con miel, envasada, para servir

Integrar la fécula y el huevo en una fuente playa; en otra, mezclar las pacanas, el pan rallado, la sal, el orégano, el pimentón y las pimientas.

Pasar las tiritas de pollo primero por la mezcla de huevo y luego por la de pacanas. Ubicarlas sobre una rejilla.

Calentar el aceite en una sartén grande a fuego medio alto. Incorporar las tiritas y cocerlas 3 minutos de cada lado o hasta que estén a punto. Si fuera necesario, cocerlas en dos tandas. Servir con mostaza con miel, si se desea.

Pizza Margarita

PARA 8 A 10 PORCIONES

A veces anhelamos un clásico. Esta sencilla pizza tradicional combina algunos de los mejores sabores de Italia. Por algo es famosa desde hace más de cien años.

2 cdas. (30 cm^3) de aceite de oliva
551 cm^3 de tomates uva/cherry
2 dientes de ajo, aplastados
¼ cdita. de sal
¼ cdita. de pimienta negra
⅛ cdita. de chile seco en escamas, machacado
1 receta de masa de pizza sin gluten (p. 141), extendida y cruda
Aceite de oliva para pincelar
½ cdita. de ajo en polvo
227 g de *bocconcini* (bolitas de mozzarella)
½ taza (10 g) de hojas de albahaca, para servir

Precalentar el horno a 230 °C o gas 8.

Calentar el aceite en una sartén grande a fuego medio alto. Añadir los tomates y el ajo; cocer hasta que los tomates se rasguen y suelten zumo. Sazonar con la sal, la pimienta y el chile en escamas.

Colocar la masa en una bandeja para horno o en una piedra para pizza. Pincelar con el aceite y espolvorear con el ajo en polvo. Cubrir con la preparación de tomate y los *bocconcini*.

Hornear 16 minutos o hasta que el queso se derrita. Distribuir por encima las hojas de albahaca. Cortar en triángulos.

Costillas de cerdo con chucrut

PARA 4 PORCIONES

Recuerdo que en mi infancia mi mamá preparaba para mi papá esta especialidad que satisfacía los antojos de su sangre alemana. Ahora, también en mi casa ocupa un lugar entre los suculentos platos principales. Sírvela con una buena mostaza fuerte y cerveza sin alcohol.

- 2 cditas. (10 cm^3) de aceite de oliva
- 4 costillas de cerdo con hueso
- ½ cdita. de sal
- ¼ cdita. de pimienta negra
- 2 lonjas de tocino, picadas
- ½ taza (80 g) de cebollas en rodajas
- 1 diente de ajo, triturado
- ½ taza (63 g) de manzana pelada y picada
- ½ taza (120 cm^3) de zumo de manzana
- 2 a 3 tazas (284 a 426 g) de chucrut
- 1 cda. (15 cm^3) de vinagre de sidra
- ½ cdita. de semillas de alcaravea/comino
- ½ cdita. de semillas de mostaza

Calentar al aceite en una sartén grande a fuego medio alto. Sazonar las costillas de cerdo con la sal y la pimienta. Cocerlas en la sartén 3 minutos de cada lado o hasta que se doren. Retirarlas y mantenerlas al calor.

Añadir el tocino a la sartén y cocer 1 minuto o hasta que empiece a crujir. Sumar la cebolla, el ajo y la manzana; cocer 2 minutos. Verter el zumo de manzana, mientras se raspa con cuchara de madera el fondo de la sartén para desprender las partículas caramelizadas. Agregar el chucrut, el vinagre, la alcaravea y la mostaza; cocer 1 minuto.

Incorporar las costillas. Cocer de 2 a 3 minutos o hasta alcanzar el punto deseado.

✱ SUGERENCIA PRÁCTICA ✱

Utiliza una tijera para cortar el tocino directamente sobre la sartén; ganarás tiempo y tendrás menos trastos que lavar.

Tacos de cerdo con salsa de aguacate y tomate

PARA 8 PORCIONES

Los tacos no tienen por qué ser siempre de carne de res; a estos les viene muy bien un relleno de cerdo condimentado a la perfección. Una comida rápida, fácil y sabrosa para cualquier noche de la semana.

½ taza (80 g) de cebolla picada
2 cditas. (10 cm³) de aceite de oliva
455 g de carne de cerdo, desgrasada y picada gruesa
2 cditas. (5 g) de chile en polvo
1 cdita. de orégano seco
1 cdita. de ajo en polvo
½ cdita. de tomillo seco
½ cdita. de pimentón
¾ cdita. de sal
½ cdita. de pimienta negra
¼ taza (60 cm³) de agua
½ taza (73 g) de aguacate/palta picado
½ taza (90 g) de tomates picados
¼ taza (40 g) de cebolla morada picada
¼ taza (11 g) de cilantro picado
8 tortillas de maíz de 15 cm
Nata/crema agria, para servir

En una sartén grande cocer a fuego medio alto la cebolla, con el aceite, durante 2 minutos. Añadir el cerdo y sazonar con el chile en polvo, el orégano, el ajo en polvo, el tomillo, el pimentón, ½ cucharadita de sal y ¼ cucharadita de pimienta. Cocer 4 minutos, revolviendo cada tanto, hasta que se dore. Verter el zumo de manzana, mientras se raspa con cuchara de madera el fondo de la sartén para desprender las partículas caramelizadas. Cocer 2 minutos más o hasta que se evapore la mayor parte del líquido.

Mientras tanto, mezclar en un tazón el aguacate, los tomates, la cebolla morada, el cilantro y la sal y la pimienta restantes.

Entibiar las tortillas como indique el envase. Repartir sobre ellas la preparación de cerdo y la mezcla de aguacate. Coronar con nata agria.

✷ ¿LO SABÍAS? ✷

Muchos condimentos envasados para tacos contienen gluten. Con hierbas y especias fáciles de conseguir (y sin gluten oculto) esta receta logra el exquisito y apetecible gusto característico de los tacos.

Judías rojas con arroz y salchicha

PARA 4 PORCIONES

Uno de mis favoritos supernutritivos desde mis días de estudiante. Salchicha picantita, vegetales condimentados y judías en lata para una comida simple que calienta el cuerpo. Te propongo graduar la cantidad de condimento creole hasta conseguir el máximo picor que toleres.

- 1 cda. (15 cm^3) de aceite de oliva
- 340 g de salchicha andouille sin gluten, en rodajas de 6 mm
- 1 taza (160 g) de cebolla morada picada gruesa
- ½ taza (75 g) de pimiento verde picado grueso
- ½ taza (50 g) de apio picado grueso
- 2 dientes de ajo, triturados
- 1 a 2 cditas. de condimento creole sin gluten
- ½ cdita. de albahaca seca
- ½ cdita. de sal
- ½ cdita. de pimienta negra
- 1 taza (235 cm^3) de caldo de ave sin gluten
- 1 lata (453 g) de judías/porotos rojos, escurridas y enjuagadas
- 3 cdas. (8 g) de perejil picado
- 4 tazas (780 g) de arroz integral cocido

Calentar el aceite en una sartén grande a fuego medio alto. Incorporar la salchicha y cocer 5 minutos o hasta que empiece a dorarse. Retirar con espumadera y mantener al calor. Añadir a la sartén la cebolla, el pimiento, el apio, el ajo, el condimento creole, la albahaca, la sal y la pimienta; cocer 2 minutos. Verter el caldo, mientras se raspa con cuchara de madera el fondo de la sartén para desprender las partículas caramelizadas. Sumar las judías, tapar y cocer 4 minutos. Pisar las judías para romperlas un poco. Añadir el perejil y la salchicha, con los jugos que haya soltado. Cocer a fuego lento durante 3 minutos o hasta que la salsa espese ligeramente. Servir sobre el arroz.

✱ SUGERENCIA PRÁCTICA ✱

La expresión francesa *mise en place*, cuya traducción literal es "colocado en el lugar", significa disponer en el lugar de trabajo, antes de empezar a cocer, todos los ingredientes y utensilios necesarios. Si aplican el sistema en esta receta, sobre todo para los vegetales y condimentos, la cocción será pan comido.

DIEZ HISTORIAS DE VIDA, AMOR Y SUPERACIÓN

Penguin
Random House
Grupo Editorial

megustaleer.com.ar

El chico del

David Rees

Yenny

0810-33-eXtra (39872)
Por compras online, visitá
Temática.com

Información sobre locales, promociones y eventos

Seguinos
www.yenny-elateneo.com

[F] /yenny.elateneo
[O] /yenny_elateneo

Dal de lentejas rojas

PARA 4 PORCIONES

El dal, estofado de lentejas originario de la India, se presenta a la manera tradicional sobre un colchón de arroz. Sencillo y pleno de sabores, brinda una respuesta vegetariana y rica en proteínas a la pregunta "¿qué cenamos?" y es el predilecto de mis hijos.

- 3 tazas (705 cm^3) de caldo de ave sin gluten
- 1 taza (192 g) de lentejas rojas, enjuagadas
- 1 cda. (15 cm^3) de aceite de oliva
- 1 ½ taza (240 g) de cebolla en rodajas muy finas
- 2 dientes de ajo, triturados
- 1 cdita. de cúrcuma
- 1 cdita. de garam masala
- 1 cdita. de comino
- ½ cdita. de sal
- ⅛ cdita. de pimienta de Cayena
- 1 taza (180 g) de tomates en cubos
- ¼ taza (11 g) de cilantro picado
- 4 tazas (780 g) de arroz basmati cocido

En una cacerola mediana llevar a hervor el caldo y las lentejas. Bajar la llama, tapar y cocer a fuego lento 10 minutos o hasta que las lentejas estén tiernas.

Mientras tanto, en una sartén grande de hierro calentar el aceite a fuego entre medio alto y alto. Agregar la cebolla y cocer de 8 a 10 minutos o hasta que empiece a tostarse, revolviendo cada tanto. Añadir el ajo y cocer 30 segundos. Sazonar con la cúrcuma, el garam masala, el comino y la sal; cocer 30 segundos más. Incorporar las lentejas con su caldo, la pimienta de Cayena y los tomates, mientras se raspa con cuchara de madera el fondo de la sartén para desprender las partículas caramelizadas. Cocer a fuego lento, revolviendo cada tanto, durante 6 minutos o hasta que el líquido se reduzca y la preparación espese. Sumar el cilantro.

Servir sobre el arroz.

✸ ¿LO SABÍAS? ✸

El garam masala es una exótica y fragante mezcla de especias que juega un papel fundamental en la cocina india clásica. Su fórmula típica incluye coriandro, comino, cardamomo, canela y pimienta negra, entre otras especias.

Salmón con espárragos y alioli enriquecido

PARA 4 PORCIONES DE APROX. 170 G

He aquí un método genial y simple para hacer una comida completa en un solo recipiente. En el horno, tanto el salmón como los espárragos adquieren un maravilloso sabor complejo. El alioli simplificado los complementa de maravillas con la frescura del limón.

PARA EL SALMÓN Y LOS ESPÁRRAGOS
455 g de espárragos, limpios
Spray de cocina
1 cda. (15 cm^3) de aceite de oliva
½ cdita. de sal
¼ cdita. de pimienta negra
680 g de filete de salmón sin piel

PARA EL AIOLI
¾ taza (175 g) de mayonesa
1 diente de ajo, triturado
1 cdita. de ralladura fina de limón orgánico
1 cda. (15 cm^3) de zumo/jugo de limón
1 cda. (4 g) de eneldo fresco picado fino
1 cda. (9 g) de alcaparras picadas
2 cditas. (7 g) de cebolla morada triturada
¼ cdita. de sal
¼ cdita. de pimienta negra

Preparación del salmón y los espárragos. Recalentar el horno a 230 °C o gas 8.

Disponer los espárragos, sin encimarlos, en una bandeja para horno rociada con spray de cocina. Rociar con el aceite y sazonar con la mitad de la sal y de la pimienta. Apoyar el salmón directamente sobre los espárragos; sazonarlo con el resto de la sal y de la pimienta.

Asar en el horno por 18 minutos o hasta que el pescado se separe al probar con un tenedor.

Preparación del alioli. Mientras tanto, mezclar en un cuenco la mayonesa y los demás ingredientes; unir bien. Servir el salmón con los espárragos y el alioli.

Arrolladitos de langostinos

PARA 5 PORCIONES

Una alternativa fresca y delicada de la versión de arrolladitos primavera fritos convencionales. De preparación fácil y entretenida, se rellenan con deliciosos vegetales crujientes y son una comida liviana ideal para el verano.

29 g de fideos de arroz finos
10 discos de papel de arroz
10 cditas. (50 cm^3) de salsa hoisin sin gluten
1 ¼ taza (55 g) de lechuga en juliana
⅔ taza (33 g) de brotes de soja
⅔ taza (73 g) de zanahoria rallada
20 hojas de albahaca
¼ taza (4 g) de hojas de cilantro
10 langostinos medianos cocidos, en mitades a lo largo
Salsa dulce de chile rojo sin gluten, para servir

Verter agua hirviendo sobre los fideos; separarlos con tenedor y dejarlos en remojo 2 minutos, hasta que estén tiernos. Escurrirlos, enjuagarlos con agua fría y escurrirlos de nuevo. Cortarlos con una tijera en trozos de 7,50 cm.

En un recipiente grande y no muy hondo verter 2,50 cm de agua caliente del grifo. Sumergir un disco de papel de arroz durante aproximadamente 30 segundos, hasta que resulte flexible. Apoyar el disco sobre una tabla y colocar encima 1 cucharadita (5 cm^3) de salsa hoisin, 2 cucharadas (22 g) de fideos de arroz, 2 cucharadas (5 g) de lechuga, 1 cucharada (7 g) de brotes de soja, 1 cucharada (7 g) de zanahoria, 2 hojas de albahaca y 1 cucharadita de cilantro. Plegar los lados. Empezar a enrollar, intercalar dos mitades de langostino y terminar de enrollar.

Repetir con los discos y los rellenos restantes. Servir de inmediato con salsa dulce de chile rojo.

✳ CONSEJO: CÍTRICOS ORGÁNICOS ✳

Ya sea para rallar la piel o usar la fruta entera, siempre conviene elegir cítricos orgánicos. La precaución no reviste tanta importancia si se van a comer los gajos pelados, pues en este caso se desecha la cáscara y, con ella, los restos de plaguicidas que pudiera tener. Siempre que necesites ralladura y zumo, acuérdate de rallar antes de exprimir.

Espaguetis con albóndigas

PARA 4 PORCIONES

Con una modificación sin gluten, este clásico de clásicos queda para chuparse los dedos y vuelve a consagrarse como pasión de multitudes. ¿Acaso alguien podría vivir sin tener en su colección una receta de espaguetis con albóndigas?

1 paquete (340 g) de espaguetis sin gluten
1 frasco (709 g) de salsa de tomate y albahaca sin gluten
¼ taza (25 g) de queso parmesano rallado
2 cditas. (2 g) de albahaca fresca picada
½ cdita. de ajo en polvo
½ cdita. de sal
¼ cdita. de pimienta negra
455 g de carne picada
Queso parmesano, para servir
Albahaca fresca picada, para servir

Cocer los espaguetis como indique el envase.

En un cuenco mediano reservar ⅓ taza (87 g) de salsa. Colocar el resto en una cacerola grande; llevar a hervor, bajar la llama y cocer a fuego lento.

Mientras tanto, mezclar la salsa reservada con el parmesano, la albahaca, el ajo en polvo, la sal y la pimienta. Añadir la carne picada y unir con las manos. Tomar porciones y formar albóndigas de 5 cm.

Incorporar las albóndigas a la cacerola con la salsa; tapar y cocer de 5 a 7 minutos o hasta que estén cocidas, revolviendo con suavidad cada tanto.

Servir las albóndigas y la salsa sobre los espaguetis, con parmesano y albahaca si se desea.

Tempura de langostinos con salsa de chile

PARA 4 PORCIONES

Esta fritura de langostinos al estilo japonés, con su etéreo rebozo crujiente, cautiva la vista y el gusto. Sin duda no echarás de menos el gluten.

PARA LA TEMPURA DE LANGOSTINOS
Canola oil
Aceite de canola
½ taza (60 g) de harina de tapioca
½ taza (65 g) de fécula de maíz
¼ taza (35 g) de harina de arroz
1 cdita. de polvo de hornear
½ cdita. de ajo en polvo
¼ cdita. de sal
⅛ cdita. de pimienta de Cayena
½ taza (120 cm³) de agua helada
455 g (16-20 unidades) de langostinos gigantes, pelados y con sus colas

PARA LA SALSA DE CHILE
⅓ taza (92 g) de salsa dulce de chile rojo sin gluten
2 cdas. (30 cm³) de vinagre de arroz
2 cditas. (10 cm³) de zumo/jugo de lima fresco

Preparación de la tempura de langostinos. En una cacerola de fondo grueso verter aceite hasta alcanzar 7,50 cm de altura. Calentar a 188 °C, medidos con un termómetro de repostería.

Mientras tanto, en un cuenco mediano mezclar la harina de tapioca, la fécula, la harina de arroz, el polvo de hornear, el ajo en polvo, la sal y la pimienta de Cayena. Verter el agua y revolver con batidor de alambre hasta homogeneizar (si fuera necesario, agregar más agua fría para obtener una pasta espesa).

Sujetar un langostino por la cola; sumergirlo en la pasta y de inmediato echarlo en la cacerola con el aceite. Freír 2 minutos de cada lado o hasta que se dore apenas. Retirar con espumadera y escurrir sobre papel absorbente. Repetir con los langostinos y la pasta restantes, revolviendo la pasta cada tanto y friendo por tandas.

Preparación de la salsa de chile. Mezclar en un tazón la salsa dulce de chile rojo, el vinagre y el zumo de lima. Revolver para integrar bien.

Servir de inmediato los langostinos con la salsa.

CAPÍTULO  5

Sopas y ensaladas exprés

 EN MUCHAS NOCHES DE VERANO, NUESTRA CENA CONSISTE EN ENSALADAS IMPROVISADAS, siempre con hojas verdes frescas, frutos secos, frutas desecadas o frescas, quesos y carnes. A decir verdad, casi siempre echo mano de lo que tengo en el refrigerador y en la alacena. En estas recetas he dejado las conjeturas fuera de la ensaladera y he reunido algunos de mis platos favoritos, perfectos para los meses cálidos de primavera y verano o, bien mirado, para cualquier época del año. Por otra parte, un plato de sopa caliente y sabrosa siempre me reconforta. Este capítulo está lleno de ambas delicias. ¡Arma una comida con el dúo que prefieras y disfruta el tiempo libre sin esclavizarte lavando los platos!

Chili con chocolate

PARA 4 PORCIONES

Como en los emblemáticos moles mexicanos, también en este chili el chocolate aporta riqueza y profundidad más que dulzor. Sírvelo con el pan de maíz y miel a la sartén (p. 118) para poner contentos el estómago y el alma en un día otoñal.

455 g de carne picada
1 taza (160 g) de cebolla picada
2 dientes de ajo, triturados
1 lata (411 g) de tomates asados triturados, sin escurrir
1 lata (397 g) de frijoles/porotos pintos, escurridos y enjuagados
½ chile jalapeño, sin semillas y triturado
1 lata (425 cm^3) de caldo de ave sin gluten
2 cdas. (15 g) de chile en polvo
57 g de chocolate semiamargo, picado
1 ½ cdita. (4 g) de comino
1 cdita. de orégano seco
1 ½ cdita. (9 g) de sal
½ cdita. de pimienta negra
Nata/crema agria, para servir
Queso cheddar rallado, para servir
Cebolletas/cebollas de verdeo, para servir

En una cacerola grande cocer a fuego medio alto la carne, la cebolla y el ajo 7 minutos o hasta que la carne se dore, revolviendo cada tanto para separarla. Si fuera necesario, escurrir. Incorporar los tomates, los frijoles, el jalapeño, el caldo, el chile en polvo, el chocolate, el comino, el orégano, la sal y la pimienta. Llevar a hervor y cocer de 5 a 7 minutos o hasta que espese. Servir de inmediato, con nata agria, cheddar y cebolletas por encima, si se desea.

Sopa de pollo con curry rojo

PARA 4 PORCIONES DE 355 CM³

Mmm, ¡esto sí que está bueno! La untuosidad de la leche de coco y la potencia del curry rojo son la dupla perfecta para esta sopa tailandesa. Sus ingredientes sabrosos y aromáticos se amalgaman para formar un auténtico platazo completo. El curry no se anda con timideces, así que decide cuánto va a soportar tu lengua.

- 2 cdas. (30 cm³) de aceite de oliva
- ¼ taza (40 g) de ajos chalotes en tajadas
- 1 cda. (6 g) de jengibre fresco pelado y triturado
- 2 dientes de ajo, triturados
- 1 a 2 cdas. (15 a 30 g) de curry rojo en pasta
- 1 cdita. de curry en polvo
- ½ cdita. de coriandro molido
- 4 tazas (940 cm³) de caldo de ave sin gluten
- 1 lata (398 cm³) de leche de coco sin endulzar
- 2 tazas (280 g) de pollo cocido, picado
- 1 taza (70 g) de setas/hongos frescas fileteadas
- 1 taza (98 g) de tirabeques
- ½ taza (50 g) de cebolletas picadas
- 2 cdas. (26 g) de azúcar
- 2 cdas. (30 cm³) de salsa de pescado (*nam pla*)
- 2 cdas. (30 cm³) de zumo/jugo de lima
- 3 cdas. (8 g) de cilantro picado, para servir
- 3 cdas. (8 g) de albahaca picada, para servir

Calentar el aceite en una olla grande de hierro a fuego medio alto. Añadir los ajos chalotes y cocer 1 minuto. Sumar el jengibre y el ajo y cocer 1 minuto más. Agregar el curry rojo, el curry en polvo y el coriandro. Verter el caldo y la leche de coco. Llevar a hervor y luego bajar la llama para lograr una ebullición suave. Incorporar el pollo, las setas, los tirabeques, las cebolletas, el azúcar y la salsa de pescado. Cocer hasta calentar bien. Retirar del fuego; añadir el zumo de lima. Servir con cilantro y albahaca por encima.

Sopa de tortilla y pollo

PARA 4 A 6 PORCIONES

Para mi corazón texano, esta sopa encabeza la lista de comidas caseras y, también, la de comidas rápidas y fáciles. ¡Es una ganadora imbatible! Se hace con el sencillo método de echar y mezclar, pero las tiritas de tortilla tostadas se roban el espectáculo.

4 tortillas de maíz de 15 cm
Spray de cocina
1 ¾ cdita. (4,30 g) de comino
1 ¾ cdita. (10,50 g) de sal
1 cda. (15 cm^3) de aceite de oliva
½ taza (80 g) de cebolla picada
1 diente de ajo, triturado
½ chile jalapeño, sin semillas y triturado
4 tazas (940 cm^3) de caldo de ave sin gluten
1 lata (411 g) de tomates asados triturados, sin escurrir
1 lata (425 g) de frijoles/porotos negros, enjuagados y escurridos
½ cdita. de chile en polvo
2 tazas (280 g) de pollo cocido, picado
Aguacate/palta, para servir
Cilantro picado, para servir
Queso Monterey jack rallado, para servir
Gajos de lima, para servir

Precalentar el horno a 220 °C o gas 7. Cortar las tortillas en tiras de 6 mm de ancho. Disponerlas en una bandeja para horno rociada con spray de cocina y rociarlas por encima con el mismo spray. Sazonar con ¼ de cucharadita de comino y ¼ de cucharadita de sal. Hornear 10 minutos o hasta que estén doradas y crujientes, dándolas vuelta una vez.

Mientras tanto, calentar el aceite en una cacerola grande a fuego medio alto. Agregar la cebolla, el ajo y el jalapeño y cocer 2 minutos. Incorporar el caldo, los tomates, los frijoles, el chile en polvo y el comino y la sal restantes. Llevar a hervor suave. Añadir el pollo y cocer 3 minutos o hasta que esté caliente. Servir en cuencos y coronar con tiras de tortilla, aguacate, cilantro y queso. Acompañar con gajos de lima.

✹ **CONSEJO: SPRAY SEGURO** ✹

No utilices spray de cocina del llamado "para hornear", que contiene harina de trigo y no es libre de gluten. Asegúrate de comprar uno sin gluten.

Chowder de pescado

PARA 8 PORCIONES

La sopa tradicional de Nueva Inglaterra en todo su esplendor… Espesa, cremosa, llena de pescado y patatas, saborizada con la mezcla perfecta de vegetales y tocino. Suculenta, sencilla y apetitosa.

6 lonjas de tocino/panceta
2 tazas (320 g) de cebolla picada
½ taza (50 g) de apio picado
½ taza (65 g) zanahorias picadas
2 cdas. (16 g) de harina multipropósito sin gluten (p. 15) u otra a elección
3 tazas (705 cm^3) de caldo de ave sin gluten
2 hojas de laurel
455 g de patatas/papas peladas, en trozos de 1,20 cm
1 taza (235 cm^3) de mezcla envasada de leche y nata/crema
1 cdita. de tomillo seco
1 cdita. de sal
½ cdita. de pimienta negra
455 g de filetes de tilapia, en trozos de 2,50 cm

Cocer el tocino en una olla grande de hierro a fuego medio alto hasta que esté crujiente. Retirar con espumadera y reservar. Añadir al recipiente la cebolla, el apio y las zanahorias; cocer con la grasa que haya soltado el tocino durante 3 minutos. Espolvorear con la harina, revolver para integrar y cocer 1 minuto. Verter el caldo mientras se raspa con cuchara de madera el fondo de la olla para desprender las partículas caramelizadas. Sumar el laurel y las patatas. Llevar a hervor, tapar y cocer 5 minutos o hasta que las patatas estén apenas tiernas. Agregar la mezcla de leche y nata, el tomillo, la sal, la pimienta y el pescado. Cocer 5 minutos o hasta que el pescado esté a punto.

Antes de servir, descartar el laurel. Desmenuzar el tocino reservado y esparcirlo sobre las porciones.

✷ ¿LO SABÍAS? ✷

En contra de lo que cabría suponer, no todos los caldos envasados carecen de gluten. Muchos se manufacturan en plantas donde también se elaboran productos que contienen trigo. Controla que el que elijas no incluya trigo en su composición y provenga de un establecimiento libre de gluten.

Ensalada italiana rústica con pollo grillado

PARA 4 A 6 PORCIONES

Un monumento a la ensalada, con todos mis favoritos italianos: uvas, piñones, tomates secos, jamón crudo, parmesano… De solo nombrarlos se me hace agua la boca. Si agregamos una copa de vino blanco y un tibio brillo de sol, no faltará nada.

- ¼ taza (60 cm^3) más 2 cdas. (30 cm^3) de aceite de oliva
- 70 g de jamón crudo, picado grueso
- 1 ½ taza (225 g) de uvas rojas
- ½ manzana, sin el centro y en tajadas finas
- ½ taza (55 g) de tomates secos en aceite, escurridos
- ⅓ taza (45 g) de piñones, tostados
- ⅓ taza (33 g) de queso parmesano en láminas obtenidas con el pelapatatas
- ¼ taza (40 g) de cebolla morada triturada
- 8 tazas (440 g) de hojas verdes surtidas
- 2 tazas (300 g) de pechuga de pollo grillada, en tajadas
- 1 cda. (15 cm^3) de zumo/jugo de limón
- 1 cda. (15 cm^3) de vinagre balsámico
- 1 cdita. de mostaza de Dijon
- ¼ cdita. de sal
- ¼ cdita. de pimienta negra

Calentar 2 cucharadas (30 cm^3) de aceite en una sartén grande. Agregar el jamón y cocer 3 minutos o hasta que esté crujiente. Retirar con espumadera y mantener al calor. Añadir a la sartén las uvas y cocer 3 minutos o hasta que su piel empiece a rasgarse.

En una ensaladera grande mezclar el jamón, las uvas, la manzana, los tomates secos, los piñones, el parmesano y la cebolla. Integrar las hojas verdes y el pollo.

Mezclar en un tazón el aceite restante, el zumo de limón, el vinagre, la mostaza, la sal y la pimienta. Verter este aliño sobre la ensalada y revolver. Servir de inmediato.

✹ **CONSEJO: TOSTADO IMPECABLE** ✹

Los piñones se pueden tostar en el horno a 180 °C o gas 4 de 6 a 8 minutos o en una sartén de 1 a 2 minutos, hasta que despidan buen aroma y se doren apenas.

Ensalada de rúcula con naranja, granada y chips de parmesano

PARA 4 PORCIONES

Adoro la combinación de rúcula picantita, granada dulce, naranja jugosa y parmesano intenso. Los colores armonizan bellamente en la ensaladera y crean una presentación digna de una cena suntuosa.

PARA LOS CHIPS DE PARMESANO
¾ taza (75 g) de queso parmesano rallado

PARA EL ALIÑO
⅓ taza (75 cm³) de aceite de oliva
3 cdas. (45 cm³) de vinagre de champán
1 cdita. de mostaza de Dijon
1 cdita. de zumo/jugo de granada fresco
1 cdita. de zumo/jugo de naranja fresco
¼ cdita. de sal
⅛ cdita. de pimienta negra

PARA LA ENSALADA
6 tazas (120 g) de rúcula baby
2 naranjas, en gajos
1 taza (100 g) de nueces en mitades, tostadas
½ taza (80 g) de semillas de granada

Preparación de los chips de parmesano. Precalentar el horno a 180 °C o gas 4. Sobre una bandeja para horno cubierta con papel de hornear apoyar un aro metálico de 5 cm. Dentro del aro esparcir 1 cucharada (5 g) de parmesano, para obtener un disco parejo; levantar el aro. Repetir con el resto del parmesano. Hornear 6 minutos. Para acelerar el enfriado, levantar con cuidado el papel con los chips y apoyarlo sobre una rejilla.

Preparación del aliño. Disponer en un tazón el aceite, el vinagre, la mostaza, los zumos de granada y de naranja, la sal y la pimienta. Revolver enérgicamente para unir.

Preparación de la ensalada. En un cuenco mediano mezclar la rúcula, las naranjas, las nueces y las semillas de granada. Mezclar con el aliño. Repartir en 4 platos. Coronar con chips de parmesano.

✱ CONSEJO: PELAR A VIVO ✱

Es la técnica de separar gajos de naranja dejándolos sin piel, membranas ni semillas. Para lograrlo, emplea un cuchillo filoso. Corta y descarta una rodaja fina de cada extremo (superior e inferior) de la fruta. Retira la cáscara junto con la membrana blanca. Sujeta la naranja sobre un cuenco y desliza el cuchillo a ambos lados de cada gajo, entre el hollejo y la pulpa. Deja caer los gajos en el cuenco y descarta el hollejo.

Tabule de quinua

PARA 4 PORCIONES DE 225 G

A esta refrescante ensalada libanesa le sacamos el gluten si reemplazamos el clásico burgol por la hiperproteica quinua. Debido a la variedad de texturas y gustos de sus ingredientes, resulta amena y equilibrada. Es deliciosa si se consume en el momento y, más aún, si se deja reposar toda la noche en el refrigerador para que se fusionen los sabores.

1 taza (173 g) de quinua
¾ cdita. de sal
½ cdita. de pimienta negra
2 dientes de ajo, triturados
¼ taza (60 cm³) de aceite de oliva
3 cdas. (45 cm³) de zumo de limón
1 taza (45 g) de perejil rizado fresco, picado
¼ taza (12 g) de menta fresca, picada
½ taza (70 g) de pepino, sin semillas y picado
½ taza (90 g) de tomate, sin semillas y picado
¼ taza (25 g) de cebolletas/cebollas de verdeo picadas
¼ taza (38 g) de pasas de uva corinto
¼ taza (35 g) de piñones tostados

Cocer la quinua como indique el envase. Enfriar ligeramente. Mezclar con los demás ingredientes. Servir de inmediato o, si se desea, refrigerar.

> ✶ **CONSEJO: HIERBAS FRESCAS** ✶
>
> Para almacenar perejil, menta y otras hierbas sin que pierdan lozanía, les sugiero que en cuanto lleguen de la verdulería recorten los tallos y los envuelvan con papel absorbente húmedo. Coloquen los atados dentro de bolsas con cierre hermético y guárdenlos en el refrigerador.

Ensalada de pollo con estragón y limón

PARA 4 PORCIONES DE 225 G

Guardo recuerdos entrañables de almuerzos divertidos y relajados en un pequeño bistró donde preparaban esta ensalada como los dioses. Desde aquellos años me he esforzado por recrearla. Ácida y herbácea, es perfecta para un mediodía distendido.

- 3½ tazas (490 g) de pollo cocido, picado
- ¼ taza (40 g) de cebolla morada en cubos
- ½ taza (115 g) de mayonesa
- 2 cdas. (30 cm³) de zumo/jugo de limón fresco
- 1 cda. (11 g) de mostaza de Dijon
- 1 cda. (4 g) de estragón fresco picado
- 1 cdita. de ralladura de limón orgánico
- 1 cdita. de nata/crema doble
- ½ cdita. de sal
- ¼ cdita. de ajo en polvo
- ¼ cdita. de pimienta negra

Mezclar todos los ingredientes en un cuenco grande y revolver. Servir de inmediato o refrigerar.

✸ CONSEJO ✸

Cuando reemplaces hierbas frescas por secas, reduce a un tercio la cantidad indicada. Si la receta pide 3 cucharaditas de hierbas frescas, emplea 1 cucharadita de las secas. En recetas sin cocción, como esta, siempre es mejor usar hierbas frescas; les secas son preferibles para cocciones prolongadas, como sopas y estofados.

CAPÍTULO  6

Guarniciones súper rápidas

 POR LO COMÚN, EN LAS GUARNICIONES CONCENTRAMOS LA MAYOR PARTE DE LAS HORTALIZAS QUE COMEMOS.
Dado que muchas de las personas que no pueden ingerir gluten sufren problemas gastrointestinales, es importante que elijan alimentos ricos en fibras y en nutrientes, como verduras y granos enteros. Estos suministran al organismo vitaminas y minerales imprescindibles, al tiempo que favorecen el normal funcionamiento del intestino. Por suerte, disfruto de la mayoría de los vegetales, pero aun así pretendo que no solo sean sabrosos, sino también nutritivos. Los que he incluido aquí merecen una marquesina iluminada. No faltan los viejos favoritos, llámense fideos cuatro quesos (p. 102) o guisantes a la indiana (p. 104). ¡Espero que te encanten!

Fideos cuatro quesos

PARA 8 A 10 PORCIONES

Éxito indiscutido de la mesa familiar, reaparecen en la cocina sin gluten en una versión más fácil y con más queso. Un clásico que se renueva para alegrar el corazón y seducir el paladar.

3 tazas (315 g) de fideos codito sin gluten
½ taza (58 g) de queso cheddar rallado
½ taza (55 g) de queso munster rallado
½ taza (58 g) de queso colby rallado
½ taza (55 g) de queso suizo rallado
2 huevos grandes
1 taza (235 cm^3) de leche evaporada
⅓ taza (77 g) de nata/crema agria
3 cdas. (45 g) de mantequilla, derretida
½ cdita. de mostaza en polvo
½ cdita. de sal
¼ cdita. de pimienta negra
Spray de cocina

Precalentar el horno a 200 °C o gas 6.

Cocer los fideos en agua hirviendo con sal hasta que estén al dente, alrededor de 10 minutos o como indique el envase. Colar y pasar a un recipiente grande. Añadir los cuatro quesos y revolver para que se derritan.

Mientras tanto, en un cuenco mediano mezclar los huevos, la leche, la nata, la mantequilla, la mostaza, la sal y la pimienta. Incorporar esta mezcla a los fideos con queso.

Colocar la preparación en una fuente cuadrada para horno de 23 cm rociada con spray de cocina. Hornear de 15 a 20 minutos o hasta que se dore levemente. Si se desea, espolvorear con más queso rallado. Servir de inmediato.

✷ ¿LO SABÍAS? ✷

¿Hay diferencia entre una fuente para horno y una asadera? ¡Pues sí que la hay! La fuente es de vidrio, mientras que la asadera es de metal. Cada uno de estos materiales conduce el calor de distinto modo, por eso es importante usar el recipiente que pida la receta, a fin de evitar cocciones insuficientes o excesivas.

Ensalada de brócoli

PARA 4 PORCIONES DE APROX. 1 TAZA O 75 G

Esta es una magnífica propuesta para saborear el brócoli. Con estimulantes notas dulces, crujientes y saladas, resulta simplemente adictivo.

- ½ taza (115 g) de mayonesa
- 2 cdas. (26 g) de azúcar
- 1 cda. (15 cm^3) de vinagre de sidra
- 8 lonjas de tocino/panceta, tostadas y desmenuzadas
- ½ taza (66 g) de queso cheddar en cubos
- ⅓ taza (53 g) de cebolla morada en cubos
- ¼ cdita. de sal
- ¼ cdita. de pimienta negra
- 4 tazas (284 g) de ramilletes de brócoli crudos

En un recipiente mediano mezclar todos los ingredientes, excepto el brócoli. Incorporar el brócoli y revolver. Servir a temperatura ambiente o refrigerar.

✷ **SUGERENCIA PRÁCTICA** ✷

Si compras el brócoli ya separado en ramilletes, ahorrarás mucho tiempo de preparación.

Verdura salteada

PARA 4 PORCIONES DE 55 G

Esta exquisita guarnición es la que esta muchacha sureña elige a la hora de comer verdura. Cargada de vitaminas, fibras y sabor, es tan saludable como deliciosa.

- 3 lonjas de tocino/panceta, picadas gruesas
- ⅓ taza (35 g) de ajos chalotes en tajadas finas
- 1 diente de ajo, triturado
- ¼ cdita. de chile seco en escamas
- 3 cdas. (45 cm^3) de vinagre de sidra
- 284 g de col crespa o acelga picada gruesa
- 2 cdas. (28 g) de mantequilla
- ¼ cdita. de sal
- ¼ cdita. de pimienta negra

Cocer el tocino en una sartén grande hasta que esté casi crujiente. Añadir los ajos chalotes, el ajo y el chile en escamas. Cocer 2 minutos o hasta que empiecen a dorarse.
Verter el vinagre, mientras se raspa con cuchara de madera el fondo de la sartén para desprender las partículas caramelizadas. Incorporar la verdura elegida y cocer 3 minutos o hasta que pierda rigidez. Agregar la mantequilla y derretirla. Sazonar con la sal y la pimienta.

Guisantes a la indiana

PARA 4 PORCIONES

Sencillos y generosos en aromas tentadores, van estupendamente con carnes grilladas y con arroz. Preséntalos con dal de lentejas rojas (p. 81) y disfruta de un apetecible festival indio.

- 2 cdas. (30 cm^3) de aceite de oliva
- ½ taza (65 g) de zanahorias peladas, en cubos
- ½ taza (80 g) de cebolla en cubos
- 1 diente de ajo, triturado
- ½ taza (90 g) de tomate en cubos
- 1 paquete (454 g) de guisantes/arvejas congelados, sin descongelar
- 1 cdita. de garam masala
- ½ cdita. de comino
- ½ cdita. de sal
- ¼ cdita. de pimienta negra

Calentar el aceite en una sartén grande. Incorporar las zanahorias, la cebolla y el ajo; cocer, revolviendo cada tanto, durante 4 minutos o hasta que se doren levemente. Agregar el tomate y cocer 1 minuto.

Añadir los guisantes y cocer 6 minutos, revolviendo cada tanto. Sazonar con el garam masala, el comino, la sal y la pimienta. Cocer, revolviendo cada tanto, durante 1 minuto o hasta que despida un rico aroma. Servir de inmediato.

✳ ¿LO SABÍAS? ✳

El garam masala es una exótica y fragante mezcla de especias que juega un papel fundamental en la cocina india clásica. Su fórmula típica incluye coriandro, comino, cardamomo, canela y pimienta negra, entre otras especias.

Cazuelitas de salchicha, arándanos, manzana y pacanas

PARA 8 PORCIONES

Los mejores sabores del otoño confluyen en esta especialidad para fiestas. La presentación individual acorta la cocción y la convierte en una solución ideal para preparar de antemano y engalanar la mesa.

- 228 g de salchicha de cerdo fresca sin nitratos
- 6 cdas. (84 g) de mantequilla
- ½ taza (80 g) de cebolla picada
- 2 tallos de apio picados
- 1 taza (125 g) de manzana Granny Smith pelada y picada
- 2 dientes de ajo, triturados
- 1 taza (110 g) de pacanas/nueces pecán picadas
- 1 taza (120 g) de arándanos rojos desecados
- 2 cditas. de salvia fresca triturada
- 2 tazas (220 g) de pan rallado seco sin gluten
- 1 cdita. de sal
- ½ cdita. de pimienta negra
- 1 taza (235 cm^3) de caldo de ave sin gluten
- Spray de cocina

Precalentar el horno a 200 °C o gas 6.

En una sartén grande a fuego medio alto cocer la salchicha, desmenuzándola, hasta que se dore. Con espumadera pasarla a un cuenco grande; mantener al calor. Derretir la mantequilla en la sartén. Agregar la cebolla, el apio, la manzana y el ajo; cocer 2 minutos. Pasar al cuenco con la salchicha.

Incorporar las pacanas, los arándanos, la salvia, el pan rallado, la sal y la pimienta; revolver para integrar. Añadir el caldo para humectar el pan rallado.

Distribuir la preparación en 8 cazuelitas rociadas con spray de cocina. Ubicarlas en una bandeja grande para horno. Cubrir con papel de aluminio. Hornear 10 minutos. Quitar el papel y hornear 10 minutos más o hasta que se dore la superficie.

✹ CONSEJO: NO A LOS NITRATOS ✹

Los nitratos se añaden a las carnes curadas para frenar la proliferación bacteriana y lograr una apariencia "fresca". Cuando se exponen a temperaturas elevadas, se convierten en nitritos, posibles causantes de algunos tipos de cáncer, entre ellos los de estómago, colon y páncreas. Elije carnes curadas que especifiquen "libre de nitratos" o "sin agregados de nitratos".

Judías verdes fritas con salsa de rábano picante

PARA 4 PORCIONES

Te prometo que adoptarás con entusiasmo esta manera de preparar las judías verdes. El rebozado liviano y crujiente, el audaz carácter de la salsa... Ya sea como guarnición o como aperitivo, este hallazgo resulta adictivo.

PARA LA SALSA
½ taza (115 g) de mayonesa
1 cda. (15 g) de rábano picante envasado, escurrido
1 cda. (15 g) de kétchup
½ cdita. de pimentón
½ cdita. de ajo en polvo
½ cdita. de sal
⅛ cdita. de pimienta de Cayena

PARA LAS JUDÍAS VERDES/CHAUCHAS
¾ taza (175 cm³) de suero de mantequilla
1 taza (140 g) de harina multipropósito sin gluten (p. 15) u otra a elección
1 cdita. de ajo en polvo
2 cditas. (12 g) de sal
½ cdita. de pimienta negra
4 tazas (940 cm³) de aceite de canola
228 g de judías verdes/chauchas, despuntadas

Preparación de la salsa. En un cuenco mediano mezclar la mayonesa, el rábano, el kétchup, el pimentón, el ajo en polvo y la pimienta de Cayena. Tapar y refrigerar hasta el momento de servir.

Preparación de las judías verdes. Mezclar en un recipiente mediano el suero de mantequilla, la harina, el ajo en polvo, la sal y la pimienta; revolver hasta obtener una pasta homogénea. En una olla grande de hierro calentar el aceite a 190 °C medidos con un termómetro de repostería. Sumergir las judías verdes en la pasta, por tandas, y freírlas en el aceite 3 minutos o hasta que se doren. Retirar con espumadera y escurrir sobre papel absorbente. Servir de inmediato, con la salsa.

✷ **CONSEJO: CONTROLAR LA TEMPERATURA DE LA FRITURA** ✷

Los termómetros de repostería son varillas de metal que resisten altas temperaturas y se cuelgan del borde de la cacerola. Vale la pena usar uno para controlar que el aceite de la fritura haya alcanzado la temperatura exacta. Si está frío, impregnará el alimento; si está demasiado caliente, lo quemará y hasta podría provocar un incendio.

Puré de patatas con ajo, hierbas y tocino

PARA 6 A 8 PORCIONES

Con la incorporación de tres ingredientes casi tan comunes como la patata misma, el puré se transforma en una cucharada celestial.

910 g de patatas/papas nuevas, lavadas y sin pelar, en trozos de 1,20 cm
10 dientes de ajo, pelados
1 pote (150 g) de queso cremoso con hierbas y ajo, ablandado
2 cdas. (28 g) de mantequilla
½ taza (120 cm^3) de leche o de un producto alternativo
1 cdita. de sal
1 cdita. de pimienta negra
6 lonjas de tocino/panceta, tostadas y desmenuzadas

En una olla grande de hierro colocar las patatas y el ajo; cubrir con agua. Hervir a fuego fuerte de 10 a 12 minutos o hasta que las patatas se noten tiernas al pincharlas con un tenedor. Escurrir. Pisar con tenedor o con pisapatatas.

Añadir el queso, la mantequilla, la leche, la sal y la pimienta e integrar bien. Agregar el tocino y revolver. Servir de inmediato.

Zanahorias glaseadas

PARA 4 PORCIONES

Dos constantes en mi vida: preguntarme qué guarnición ofreceré con la cena y tener zanahorias en el cajón de las verduras del refrigerador. ¡Con esta receta, por suerte, una responde la otra!

455 g de zanahorias
⅓ taza (75 cm^3) de zumo/jugo de naranja
2 cdas. (28 g) de mantequilla
1 cda. (15 g) de azúcar moreno compacto
2 cditas. (4 g) de jengibre fresco pelado y triturado
¼ cdita. de sal
⅛ cdita. de pimienta negra

Pelar las zanahorias y cortarlas al sesgo en rodajas de 6 mm. Disponerlas en una sartén grande junto con el zumo de naranja, la mantequilla, el azúcar moreno y el jengibre. Cocer a fuego medio alto 5 minutos o hasta que el líquido se evapore y las zanahorias resulten cocidas y glaseadas. Sazonar con la sal y la pimienta.

Remolachas asadas con cebolla, nueces y eneldo

PARA 4 PORCIONES

Adoro las remolachas y su sabor terroso, pero no todos coinciden conmigo. Para deleite de la mayoría, la cocción en el horno resalta su dulzor natural y las hace más tiernas. Con cebolla morada, nueces crocantes y un toque de eneldo, resultan perfectas para una comida de otoño.

- 341 g de remolachas, peladas y en octavos
- 1 cebolla morada mediana, en trozos de 2,50 cm
- ¼ taza (60 cm^3) de aceite de oliva
- ½ taza (60 g) de nueces, tostadas y picadas
- 2 cditas. (3 g) de eneldo fresco picado
- 1 cdita. de vinagre de champán
- ½ cdita. de sal
- ¼ cdita. de pimienta negra

Precalentar el horno a 230 °C o gas 8.

Colocar las remolachas y la cebolla en una bandeja grande para horno. Rociar con 2 cucharadas (30 cm^3) de aceite de oliva. Asar en el horno 20 minutos o hasta que los bordes empiecen a tostarse, revolviendo una vez a media cocción.

Pasar a un cazo grande y mezclar con las nueces, el eneldo, el vinagre, la sal y la pimienta. Servir de inmediato.

✱ **CONSEJO: TOSTADO IMPECABLE** ✱

Las nueces se pueden tostar en el horno a 180 °C o gas 4 de 6 a 8 minutos o en una sartén de 1 a 2 minutos, hasta que despidan buen aroma y se doren apenas.

Espárragos asados con mantequilla rubia

PARA 4 PORCIONES

La mejor manera de realzar el gusto de los espárragos es asarlos. Con mantequilla rubia y solo una insinuación de limón, serán un favorito de las guarniciones fáciles.

455 g de espárragos, limpios
1 cda. (15 cm^3) de aceite de oliva
2 cdas. (28 g) de mantequilla
½ cdita. de sal
¼ cdita. de pimienta negra
1 cdita. de ralladura fresca de limón orgánico

Precalentar el horno a 230 °C o gas 8.

Disponer los espárragos en una bandeja para horno, rociar con el aceite y revolver. Asar en el horno 10 minutos, revolviendo una vez a media cocción.

Mientras tanto, en una sartén pequeña calentar la mantequilla a fuego medio hasta que tome color dorado, revolviendo cada tanto. Retirar del calor.

Aderezar los espárragos con la mantequilla rubia, la sal, la pimienta y la ralladura de limón. Servir de inmediato.

Arroz a la española

PARA 4 A 6 PORCIONES DE 125 G

Ningún plato tex-mex está completo sin una abundante ración de arroz a la española. Este es el que preparo en mi casa. Pruébenlo con las enchiladas de verdura y pollo (p. 62).

3 cdas. (45 cm^3) de grasa de tocino/cerdo o aceite de oliva
1 taza (195 g) de arroz blanco crudo
½ taza (80 g) de cebolla picada
1 diente de ajo, triturado
1 lata (411 g) de tomates en cubos
1 cdita. de comino
1 cdita. de sal
½ cdita. de orégano
½ cdita. de pimienta negra
1 lata (425 cm^3) de caldo de ave sin gluten

Calentar la grasa o el aceite en una sartén grande a fuego medio alto. Añadir el arroz y cocer 2 minutos revolviendo cada tanto. Sumar la cebolla y el ajo y cocer 1 minuto. Incorporar los demás ingredientes y revolver. Llevar a hervor, bajar la llama, tapar y cocer a fuego lento 14 minutos o hasta que el arroz absorba el líquido y esté tierno. Servir de inmediato.

Coles de Bruselas con arándanos y nueces

PARA 4 PORCIONES

Si no eres fanático de las coles de Bruselas, probablemente se deba a una cocción incorrecta. Hay que dejar que se doren un poquito en la sartén, para que se caramelicen y su amargor se convierta en delicia. ¡Son tan sabrosas! Pruébalas.

- 3 lonjas de tocino/panceta, picadas gruesas
- 455 g de coles/repollitos de Bruselas, limpias y en cuartos
- ⅓ taza (40 g) de nueces picadas gruesas
- ⅓ taza (40 g) de arándanos rojos desecados
- ⅓ taza (33 g) de cebolletas/cebollas de verdeo picadas
- 2 cdas. (30 cm^3) de caldo de ave sin gluten
- 1 cda. (15 cm^3) de vinagre de sidra
- ½ cdita. de sal
- ¼ cdita. de pimienta negra
- 2 cdas. (28 g) de mantequilla
- ¼ taza (20 g) de queso parmesano rallado, para servir

Cocer el tocino en una sartén grande a fuego medio alto durante 3 minutos o hasta que esté casi crujiente. Incorporar las coles de Bruselas, tapar y cocer, revolviendo cada tanto, durante 5 minutos o hasta que empiecen a dorarse. Agregar las nueces, los arándanos y las cebolletas; cocer 2 minutos. Verter el caldo y el vinagre, mientras se raspa con cuchara de madera el fondo de la sartén para desprender las partículas caramelizadas. Sazonar con la sal y la pimienta; añadir la mantequilla y derretirla. Espolvorear con el parmesano. Servir de inmediato.

✳ SUGERENCIA PRÁCTICA ✳

Para limpiar las coles de Bruselas, corta y descarta 3 mm del extremo inferior. Luego retira las hojas sueltas o marchitas, que se desprenderán fácilmente.

CAPÍTULO 7

El pan de cada día en minutos

 SEGURAMENTE HAS PENSADO QUE NUNCA IBAS A VOLVER A COMER PAN. Pero aquí está, en distintas versiones… hojaldrado, mantecoso, tierno, fragante, fácil. Consigue, pues, una panera nueva, porque tendrás con qué llenarla. Los bizcochos salados, el pan de maíz y las tortillas caseras resultan perfectos con sopas otoñales y chilis. Los bizcochos dulces de naranja (p. 121) son una opción exquisita y bienvenida para un *brunch* o para acompañar una taza de té o café. También encontrarás recetas facilísimas de masas básicas para tartas que se aplican en otras recetas de este libro. Te servirán para hacer los pasteles y tartas sin gluten preferidos de tu familia y tan deliciosos como los recuerdas. ¿Ya se te hace agua la boca?

Tortillas de maíz artesanales

PARA 8 TORTILLAS

No hay comparación posible entre las tortillas compradas y las caseras. Ni motivo para acobardarse. Estas son fáciles, maravillosas, riquísimas y sin gluten, ideales para tacos o fajitas, para servir con picadillo de pavo (p. 64) o simplemente para untar con mantequilla.

1 ½ taza (155 g) de harina de masa sin gluten
¼ cdita. de sal marina
1 taza (235 cm^3) de agua tibia

Mezclar la harina de masa y la sal en un cuenco mediano. Añadir el agua tibia necesaria para obtener una masa tierna, blanda y flexible; controlar que resulte ni pegajosa ni seca. Cubrir con papel absorbente humedecido para evitar que se seque.

Precalentar una plancha o sartén. Cortar los laterales de una bolsa con cierre hermético de 4 l, dejando intacto el borde inferior. Tomar porciones de masa y formar esferas de 7,50 cm; mientras se trabaja, mantener tapadas las esferas ya listas y la masa restante.

Desplegar la bolsa, colocar sobre una de sus mitades una esfera de masa y cerrar. Con una prensa para tortillas o con un rodillo aplanar la masa hasta dejarla de 3 mm de espesor. Disponerla en la plancha o sartén y cocer 45 segundos de cada lado. Retirar y mantener al calor.

✸ SUGERENCIA PRÁCTICA ✸

Si te entusiasmas con estas tortillas caseras, fáciles y hechas en el momento, invierte una pequeña suma en una prensa para tortillas: un accesorio de aluminio con una palanca que comprime la masa entre dos discos y simplifica aún más el proceso.

✸ CONSEJO: NO A LOS SUSTITUTOS ✸

La harina de masa sirve para hacer las tradicionales tortillas mexicanas. Se elabora a partir de maíz seco remojado en una solución de cal y no debe reemplazarse por ninguna otra harina de maíz. Asegúrate de comprar una sin gluten, que provenga de un establecimiento donde no se procese trigo.

Bollos de mantequilla

PARA APROX. 14 BOLLOS

Una tentación sencilla y de los dioses en menos de 30 minutos. Sé que parece demasiado bueno para ser verdad. Ya habrá ocasión de que me agradezcas.

- 2 cditas. (5 g) de semillas molidas de lino dorado
- 4 cditas. (20 cm³) de agua muy caliente
- 1 taza (140 g) de harina multipropósito sin gluten (p. 15) u otra a elección
- ½ cdita. de bicarbonato de sodio
- ½ cdita. de polvo de hornear
- ¼ cdita. de sal
- ½ taza (115 g) de nata/crema agria
- ½ taza (112 g) de mantequilla, derretida
- 1 cda. (15 cm³) de leche o de un producto alternativo
- Spray de cocina

Precalentar el horno a 200 °C o gas 6.

Hidratar el lino con el agua caliente y revolver hasta que espese; reservar.

En un recipiente mezclar la harina, el bicarbonato, el polvo de hornear y la sal. Incorporar el lino hidratado, la nata agria, la mantequilla derretida y la leche; revolver hasta homogeneizar. Colocar cucharadas colmadas (15 g) de la preparación dentro de las cavidades de un molde para *minimuffins* rociadas con spray de cocina (si quedaran cavidades vacías, verter una cucharadita de agua en cada una). Hornear durante 17 minutos o hasta que se doren.

Bizcochos de cheddar y eneldo

PARA 10 BIZCOCHOS

El complemento perfecto para una sopa de otoño. Tiernos, hojaldrados y facilísimos, tienen todas las recordables cualidades de aquellos bizcochos que tanto te gustaban en los tiempos en que comías gluten...

2 cditas. (4,70 g) de semillas molidas de lino dorado
4 cditas. (20 cm^3) de agua muy caliente
3 tazas (aprox. 390 g) de harina multipropósito sin gluten (p. 15) u otra a elección
1 cdita. de azúcar
1 cda. (14 g) de polvo de hornear
1 cdita. de bicarbonato de sodio
½ cdita. de sal
⅓ taza (75 g) de mantequilla fría, en trocitos
1 taza (235 cm^3) de suero de mantequilla
1 ½ taza (173 g) de queso cheddar picante, rallado
1 ½ cda. (6 g) de eneldo fresco picado
Spray de cocina
Mantequilla derretida, para pincelar

Precalentar el horno a 220 °C o gas 7.

Hidratar el lino con el agua caliente y revolver hasta que espese; reservar.

En un cuenco mezclar la harina, el azúcar, el polvo de hornear, el bicarbonato y la sal. Añadir la mantequilla y desmenuzarla con un mezclador de masas o con la punta de los dedos hasta obtener un granulado. Agregar el suero de mantequilla y el lino hidratado y revolver para unir. Integrar el queso y el eneldo.

Colocar la masa sobre una superficie enharinada y amasar hasta que resulte homogénea. Aplanarla con rodillo o con las manos hasta dejarla de 2 cm de espesor y cortar bizcochos con un cortador de 6,40 cm. Acomodarlos bien juntos en una bandeja para horno rociada con spray de cocina. Pincelar con mantequilla derretida y hornear por 14 minutos o hasta que se doren.

✹ **CONSEJO: SUERO DE MANTEQUILLA CASERO** ✹

Si no consigues suero de mantequilla en el supermercado, prepáralo incorporando 1 cucharada (15 cm^3) de vinagre de manzana o de alcohol a 1 taza (235 cm^3) de leche. El procedimiento sirve también para leches no lácteas, como las de almendras, arroz o coco.

Pan de maíz y miel a la sartén

PARA 8 A 10 PORCIONES

Nunca falta en mi casa. Buen compañero de las judías rojas con arroz y salchicha (p. 80) y del chili con chocolate (p. 89), también es un éxito si se saborea simplemente con una tajada de mantequilla y un hilo de melaza. Si eres alérgico a los huevos, puedes omitirlos, y lo disfrutarás igual.

⅓ taza (75 cm³) de aceite de canola
1 cdita. de semillas molidas de lino dorado
2 cditas. (10 cm³) de agua muy caliente
1 taza (140 g) de harina multipropósito sin gluten (p. 15) u otra a elección
1 taza (130 g) de harina gruesa de maíz amarillo sin gluten
2 cdas. (26 g) de azúcar
1 cda. (14 g) de polvo de hornear
1 cdita. de sal
1 taza (235 cm³) de leche o de un producto alternativo
¼ taza (85 g) de miel
2 huevos grandes

Precalentar el horno a 230 °C o gas 8.

Verter el aceite en una sartén para horno de 25 cm. Llevar al horno durante 3 minutos mientras se precaliente.

Hidratar el lino con el agua caliente y revolver hasta que espese; reservar.

En un recipiente mezclar las harinas, el azúcar, el polvo de hornear y la sal. Y en otro unir la leche, la miel y los huevos. Añadir los líquidos y el lino hidratado a los secos y revolver para integrar.

Con cuidado retirar del horno la sartén. Verter en ella la preparación, que burbujeará en contacto con el aceite caliente. Hornear durante 15 minutos o hasta que se dore.

✸ SUGERENCIA PRÁCTICA ✸

Antes de medir la miel, rocía la taza medidora con spray de cocina. Así, la miel se deslizará sin adherirse al recipiente.

Bizcochos dulces de naranja

PARA UNOS 11 BIZCOCHOS

Estos encantadores bizcochos merecen integrar el *brunch* del domingo. Su dulzor cítrico y su textura liviana colman todas las expectativas. Los adoro.

PARA LOS BIZCOCHOS
2 cditas. (5 g) de semillas molidas de lino dorado
4 cditas. (20 cm^3) de agua muy caliente
3 tazas (aprox. 390 g) de harina multipropósito sin gluten (p. 15) u otra a elección
2 cdas. (26 g) de azúcar
1 cda. (14 g) de polvo de hornear
1 cdita. de bicarbonato de sodio
½ cdita. de sal
⅓ taza (75 g) de mantequilla fría, en trocitos
1 cda. (6 g) de ralladura de naranja orgánica
¾ taza (175 cm^3) de suero de mantequilla
¼ taza (60 cm^3) de zumo/jugo de naranja fresco
Spray de cocina

PARA EL GLASEADO
1 ½ taza (180 g) de azúcar glas
3 ½ cdas. (53 cm^3) de zumo/jugo de naranja fresco
1 cdita. de ralladura de naranja orgánica

Preparación de los bizcochos. Precalentar el horno a 220 °C o gas 7.

Hidratar el lino con el agua caliente y revolver hasta que espese; reservar.

En un cuenco mezclar la harina, el azúcar, el polvo de hornear, el bicarbonato y la sal. Añadir la mantequilla y desmenuzarla con un mezclador de masas o con la punta de los dedos hasta obtener un granulado. Incorporar la ralladura de naranja.

Mezclar el suero de mantequilla con el zumo de naranja. Agregar los líquidos y el lino hidratado a los secos y revolver para integrar.

Colocar la masa sobre una superficie enharinada; amasar hasta que resulte homogénea. Aplanarla con rodillo o con las manos hasta dejarla de 2,50 cm de espesor y cortar bizcochos con un cortador de 6,40 cm. Disponerlos bien juntos en una bandeja para horno rociada con spray de cocina. Hornear durante 14 minutos o hasta que se doren.

Preparación del glaseado: mezclar en un recipiente mediano el azúcar glas, el zumo y la ralladura de naranja.

Dejar enfriar los bizcochos y luego untarlos con el glaseado.

✱ **CONSEJO: CÍTRICOS ORGÁNICOS** ✱

Ya sea para rallar la piel o usar la fruta entera, siempre conviene elegir cítricos orgánicos. La precaución no reviste tanta importancia si se van a comer los gajos pelados, pues en este caso se desecha la cáscara y, con ella, los restos de plaguicidas que pudiera tener. Siempre que necesites ralladura y zumo, acuérdate de rallar antes de exprimir.

Masa brisée

PARA 2 DISCOS DE 23 CM (para un pastel con tapa o enrejado o para 2 tartas sin tapa)

Conocida universalmente por su nombre francés, la masa quebrada se deshace en la boca y resulta insustituible para tartas y pasteles salados o dulces. Fácil y sin gluten, ofrece posibilidades ilimitadas.

- 2 ½ tazas (350 g) de harina multipropósito sin gluten (p. 15) u otra a elección
- ¾ cdita. de sal
- 1 taza (225 g) de mantequilla sin sal
- ⅓ a ½ taza (75 a 120 cm^3) de agua helada

Colocar la harina y la sal en el recipiente de la procesadora; accionar por pulsos para mezclar. Añadir la mantequilla y seguir pulsando hasta obtener un granulado. Verter por cucharaditas el agua helada, mientras se continúa pulsando para obtener grumos húmedos. Retirar de la máquina. Formar un bollo con la masa y dividirlo en dos bollos iguales. Aplanar para obtener discos. Envolver cada uno con papel film y refrigerar hasta el momento de usar.

Masa sucrée

PARA 2 DISCOS DE 23 CM (para un pastel con tapa o enrejado o para 2 tartas sin tapa)

Otro invalorable aporte francés a la pastelería mundial, se diferencia de la anterior por el agregado de una pequeña cantidad de azúcar y se usa para tartas y pasteles dulces.

- 2 ½ tazas (350 g) de harina multipropósito sin gluten (p. 15) u otra a elección
- 2 cdas. (26 g) de azúcar
- ¾ cdita. de sal
- 1 taza (225 g) de mantequilla sin sal
- ⅓ a ½ taza (75 a 120 cm^3) de agua helada

Colocar la harina, el azúcar y la sal en el recipiente de la procesadora; accionar por pulsos para mezclar. Añadir la mantequilla y seguir pulsando hasta obtener un granulado. Verter por cucharaditas el agua helada, mientras se continúa pulsando para obtener grumos húmedos. Retirar de la máquina. Formar un bollo con la masa y dividirlo en dos bollos iguales. Aplanar para obtener discos. Envolver cada uno con papel film y refrigerar hasta el momento de usar.

✸ **CONSEJO: CONGELAR PARA DESPUÉS** ✸

Tanto la masa *sucrée* como la *brisée* se pueden conservar hasta 2 meses en el refrigerador, envueltas ajustadamente en papel film y embaladas en bolsas aptas para congelar.

Bizcochos de parmesano

PARA UNOS 11 BIZCOCHOS

Estos bizcochos se encuentran entre mis favoritos. Enriquecidos con una buena dosis de queso y un golpe de pimienta negra, se deshacen en escamas y son ideales para acompañar sopas.

2 cditas. (5 g) de semillas molidas de lino dorado
4 cditas. (20 cm^3) de agua muy caliente
2 tazas (aprox. 280 g) de harina multipropósito sin gluten (p. 15) u otra a elección
1 cda. (14 g) de polvo de hornear
1 cdita. de pimienta negra recién molida
½ cdita. de sal
½ taza (112 g) de mantequilla fría, en trocitos
¾ taza (60 g) de queso parmesano rallado
1 taza (235 cm^3) de nata/crema doble
Spray de cocina
Mantequilla derretida, para pincelar

Precalentar el horno a 230 °C o gas 8.

Hidratar el lino con el agua caliente y revolver hasta que espese; reservar. En un recipiente mezclar la harina, el polvo de hornear, la pimienta y la sal. Añadir la mantequilla y desmenuzarla con un mezclador de masas o con la punta de los dedos hasta obtener un granulado. Integrar el parmesano. Agregar la nata doble y el lino hidratado y revolver para unir.

Colocar la masa sobre una superficie limpia; amasar hasta que resulte homogénea. Aplanarla con rodillo o con las manos hasta dejarla de 2,50 cm de espesor y cortar bizcochos con un cortador de 6,40 cm. Acomodarlos bien juntos en una bandeja para horno rociada con spray de cocina. Pincelar con mantequilla derretida. Hornear durante 14 minutos o hasta que se doren.

✷ **CONSEJO: EN EL FRÍO DURAN MÁS** ✷

Guarda en el refrigerador la harina multipropósito sin gluten (p.15) y sus propias mezclas y en el congelador los sobrantes de harinas sin mezclar. Así prolongarás su vida útil y evitarás que los aceites que contienen se vuelvan rancios.

CAPÍTULO

Dulzuras en un santiamén

 **SI PREGUNTAS A CUALQUIERA QUE ME CONOZCA** o si visitas mi blog, descubrirás que los dulces son lo mío. Por supuesto, mi yo dietista debe moderar mi desenfrenada pasión por lo dulce, pero adoro las indulgencias ocasionales. Por lo tanto, este capítulo es como tocar el cielo con las manos. Algunas de estas recetas piden mi harina multipropósito sin gluten (p.15) o la que prefieras. Otras son naturalmente libres de gluten, ideales para familias que no necesitan esas harinas especiales, pero quieren agasajar a los amigos que comen sin gluten. Prepárate para ir al encuentro de la felicidad...

Plátanos con salsa de caramelo y chocolate

PARA 4 PORCIONES DE 125 G

El colmo del deleite goloso. Con pastel, helado o en su pecaminosa mismidad, resultan una tentación irresistible.

¼ taza (55 g) de mantequilla
½ taza (100 g) de azúcar
½ taza (120 cm³) de nata/crema doble
½ cdita. de extracto de vainilla
⅛ cdita. de sal
4 plátanos/bananas, pelados y en rodajas
⅓ taza (58 g) de chips de chocolate

Derretir la mantequilla en una sartén grande a fuego medio. Agregar el azúcar y cocer, revolviendo continuamente hasta que se funda y forme un caramelo rubio. Integrar la nata, la vainilla y la sal (el caramelo burbujeará y se endurecerá un poco). Cocer 1 minuto o hasta que la preparación resulte líquida y espesa. Sumar los plátanos y cocer 1 minuto más. Añadir los chips de chocolate. Servir de inmediato.

Galletas de almendras y canela

PARA 1 DOCENA DE GALLETAS

Mi suegra bautizó como sus preferidas a estas delicias almendradas. A mí me fascina que sean tan fáciles y estén listas en un santiamén. Esa pizca salada matiza la dulzura y sorprende en cada bocado. Riquísimas.

1 taza (145 g) de almendras tostadas saladas
¾ taza (150 g) de azúcar
½ cdita. de canela
½ cdita. de extracto de vainilla
1 huevo grande
Spray de cocina

Precalentar el horno a 170 °C o gas 3.

Colocar las almendras en el recipiente de la procesadora; accionar por pulsos para pulverizarlas (cuidar que no lleguen a formar una masa mantecosa). Pasarlas a un cuenco mediano e integrar el azúcar, la canela, la vainilla y el huevo.

Cubrir con papel de hornear dos bandejas para horno. Humedecerse ligeramente las manos con spray de cocina. Darle forma esférica a 1 cucharada colmada (15 g) de la mezcla y aplanarla sobre una de las bandejas hasta dejarla de 1,20 cm de espesor. Repetir con el resto de la mezcla, dejando espacio para que las galletas se extiendan. Hornear durante 20 minutos o hasta que se doren. Enfriar sobre una rejilla.

Helado de café con chips

PARA 2 PORCIONES DE APROX. ½ TAZA O 70 G

La fórmula más simple para lograr un helado casero con un gusto paradisíaco... y en 15 minutos o menos. Si tienes adicción al café, como unos cuantos miembros de mi familia, este deleite exprés tendrá un lugar en tu lista de postres de cabecera.

2 cdas. (26 g) de azúcar
1 taza (235 cm^3) de nata/crema doble o de una bebida de leche de coco
1 cda. (5 g) café instantáneo en polvo (descafeinado, si se desea)
2 cdas. (22 g) de *chips* de chocolate miniatura
½ taza (150 g) de sal gruesa
Hielo

Mezclar el azúcar, la nata o la bebida de leche de coco, el café y los *chips* de chocolate dentro de una bolsa con cierre hermético de 1 l; cerrar ajustadamente. Colocar la bolsa dentro de otra de 4 l. Llenar el espacio libre, sin colmarlo, con la sal y tanto hielo como sea necesario; cerrar ajustadamente. Sacudir y masajear la bolsa de 5 a 10 minutos o hasta que la mezcla adquiera consistencia de helado. Como la bolsa estará fría y mojada, conviene envolverla con un lienzo. Con una cuchara, tomar bolas de helado y servir de inmediato. Guardar en el congelador… si no llegara a consumirse todo de una vez.

✷ CONSEJO: APTO PARA MENORES ✷

Si se omite el café, este helado se vuelve apto para niños e ideal para hacerlo con su ayuda. Pon sus bracitos a trabajar para quemar un poco de su inagotable energía, explícales nociones básicas de ciencia culinaria y recompénsalos con una exquisitez hecha por ellos mismos. Puedes añadirle ¼ taza (55 g) de sus frutos secos preferidos. Si te sientes proclive a las indulgencias, sírvelo sobre la galleta gigante con trozos de chocolate (p. 129) o los brownies trufados triple chocolate (p. 164).

Galleta gigante con trozos de chocolate

PARA 4 A 6 PORCIONES DE 84 G

Los fanáticos de las galletas tibias, blanditas, recién salidas del horno y con chocolate derretido estarán de parabienes con esta receta. Se hace en un solo recipiente y queda magnífica con helado de vainilla. Para disfrutar a cucharadas.

- ½ taza (112 g) de mantequilla
- ¾ taza (170 g) de azúcar moreno compacto
- ½ taza (100 g) de azúcar
- 1 cdita. de extracto de vainilla
- 1 huevo grande o ¼ taza (60 cm^3) de sucedáneo de huevo
- 1 ½ taza (210 g) de harina multipropósito sin gluten (p. 15) u otra a elección
- ½ cdita. de bicarbonato de sodio
- ½ cdita. de sal
- 1 ¼ taza (219 g) de trozos de chocolate semiamargo
- Helado de vainilla, para servir

Precalentar el horno a 180 °C o gas 4.

En una sartén para horno de 20 cm derretir la mantequilla a fuego medio. Retirar del calor. Integrar las dos clases de azúcares y la vainilla. Añadir el huevo o el sucedáneo y mezclar bien. Agregar la harina, el bicarbonato y la sal; revolver para homogeneizar. Incorporar con suavidad los trozos de chocolate.

Hornear durante 25 minutos o hasta alcanzar el punto deseado. Servir con helado de vainilla.

✹ ¿LO SABÍAS? ✹

Algunos productos de chocolate (barras, trozos y chips) se manufacturan en instalaciones donde también se elaboran alimentos que contienen trigo y gluten. Asegúrate de comprar chocolates certificados como libres de gluten.

Macarrones de coco

PARA APROX. 1 ½ DOCENA DE MACARRONES

Crujientes por fuera y tiernos por dentro, estos adorables macarrones de coco casi no requieren trabajo... y naturalmente, ¡no llevan gluten!

3 claras grandes
¾ taza (150 g) de azúcar
½ cdita. de extracto de vainilla
3 tazas (255 g) de hojuelas de coco sin endulzar
Spray de cocina
171 g de chocolate semiamargo (60 % de cacao), picado fino

Precalentar el horno a 180 °C o gas 4.

En un cuenco mediano mezclar las claras, el azúcar, la vainilla y el coco; revolver para integrar. Cubrir con papel de hornear una bandeja para horno. Humedecerse ligeramente las manos con spray de cocina. Tomar 1 cucharada colmada (15 g) de la mezcla, darle forma esférica y aplanarla sobre la bandeja hasta dejarla de 2,50 cm de espesor. Repetir con el resto de la mezcla. Hornear de 15 a 17 minutos o hasta que se doren apenas. Enfriar sobre una rejilla.

Mientras tanto, en microondas al máximo calentar el chocolate hasta que se derrita, revolviendo cada 30 segundos. Sumergir en el chocolate derretido la base de los macarrones y apoyar sobre papel de hornear. Refrigerar de 1 a 2 minutos para que solidifique.

Galletas con todo y sin cocción

PARA 1 DOCENA DE GALLETAS

¡Desafío a encontrar unas galletas más ricas y fáciles que estas! Chocolatosas, rápidas y con una textura especial.

1 taza (85 g) de avena arrollada sin gluten
½ taza (13 g) de arroz inflado sin gluten
¼ taza (21 g) de coco rallado endulzado
½ taza (88 g) de chips de chocolate
¼ taza (65 g) de mantequilla de cacahuete/maní
¼ taza (60 cm³) de leche de coco sin endulzar, enlatada
⅛ cdita. de sal

En un recipiente grande mezclar la avena, el arroz inflado y el coco. En una cacerola mediana disponer los chips de chocolate, la mantequilla de cacahuete, la leche de coco y la sal. Calentar a fuego medio hasta que el chocolate se derrita y la preparación resulte homogénea.

Verter la mezcla de chocolate sobre la de avena y revolver para integrar. Sobre una bandeja para horno cubierta con papel de hornear colocar 1 cucharada colmada (15 g) de la preparación. Repetir con el resto de la mezcla. Refrigerar de 15 a 20 minutos o hasta que las galletas estén firmes.

Craqueladas de menta y chocolate

PARA APROX. 1 DOCENA DE GALLETAS

Estas tiernas galletas se rebozan con azúcar glas antes de la cocción y luego, en el horno, adquieren un tentador aspecto craquelado. Las pastillas de menta molidas las convierten en una deliciosa golosina o en un placer para cualquier momento, que encantará a los amantes del chocolate y la menta, como yo.

- ¾ taza (aprox. 105 g) de harina multipropósito sin gluten (p. 15) u otra a elección
- ⅓ taza (43 g) de cacao
- ¾ cdita. de polvo de hornear
- ¼ cdita. de sal
- 3 cdas. (42 g) de mantequilla, ablandada
- ½ taza (115 g) de azúcar moreno compacto
- 1 huevo grande
- ⅓ taza (95 g, aprox. 20 unidades) de pastillas de menta trituradas finas
- 2 cdas. (7,50 g) de azúcar glas

Precalentar el horno a 200 °C o gas 6.

En un recipiente mediano mezclar la harina, el cacao, el polvo de hornear y la sal.

Colocar en un cuenco grande la mantequilla y el azúcar; batir con máquina eléctrica 3 minutos. Agregar el huevo y seguir batiendo hasta unir. Incorporar al batido la mezcla de harina y las pastillas de menta trituradas; revolver para integrar.

Tomar 1 cucharada colmada (15 g) de la preparación, formar esferas y pasarlas por el azúcar glas. Ubicarlas en una bandeja para horno cubierta con papel de hornear. Dejar 5 cm libres entre las galletas. Hornear 13 minutos o hasta que los bordes estén firmes y la superficie craquelada. Enfriar sobre una rejilla.

✹ SUGERENCIA PRÁCTICA ✹

Para triturar las pastillas de menta, colócalas dentro de una bolsa con cierre hermético y aplástalas con un rodillo o con el lado liso de un mazo para carnes. ¡En un periquete y sin ensuciar!

Planchuelas frutadas

PARA 8 PORCIONES DE 57 G

Dulce y chocolatoso final para cualquier comida. Las frutas secas y desecadas crean una grata armonía. Cuando te sientas especialmente generoso, no vaciles en ofrecerlas como espléndido obsequio.

- 342 g de chocolate negro (60 % de cacao), picado
- ½ taza (60 g) de arándanos rojos desecados
- ⅓ taza (41 g) de pistachos picados
- ⅓ taza (43 g) de albaricoques/ damascos desecados
- ¼ taza (28 g) de almendras en astillas
- 2 cditas. (4 g) de ralladura fresca de naranja orgánica

En microondas al máximo calentar 228 g de chocolate hasta que se derrita, revolviendo cada 30 segundos (aprox. 1 minuto a 1 minuto 15 segundos en total). Añadir el resto del chocolate y revolver hasta que se derrita y se integre. Verter el chocolate sobre una bandeja para horno cubierta con papel de hornear y extenderlo para formar un rectángulo de 6 mm de espesor. Esparcir rápidamente por encima los arándanos, los pistachos, los albaricoques y las almendras.

Llevar al refrigerador de 7 a 10 minutos para que se endurezca el chocolate. Partir o cortar en trozos.

✸ ¿LO SABÍAS? ✸

Algunos productos de chocolate (barras, trozos y chips) se producen en establecimientos donde también se elaboran alimentos que contienen trigo y gluten. Asegúrate de comprar chocolates sin gluten.

Galletas de jengibre con chocolate blanco

PARA APROX. 1 1/2 DOCENA DE GALLETAS

Mis favoritas de siempre para las Navidades son las preferidas de mi marido en toda ocasión. Su perfecta conjunción de texturas, aromas y sabores me hace feliz.

1 cdita. de semillas molidas de lino dorado
2 cditas. (10 cm^3) de agua muy caliente
2 tazas (280 g) de harina multipropósito sin gluten (p. 15) u otra a elección
2 cditas. (9 g) de bicarbonato de sodio
2 cditas. (4 g) de jengibre en polvo
1 cdita. de canela
½ cdita. de sal
⅛ cdita. de clavo de olor molido
¾ taza (175 cm^3) de aceite
1 taza (200 g) más ¼ taza (50 g) de azúcar
1 huevo grande
¼ taza (85 g) de melaza
57 g de chocolate blanco, picado

Precalentar el horno a 180 °C o gas 4.

Cubrir con papel de hornear 2 bandejas para horno. Hidratar el lino con el agua caliente y revolver hasta que espese; reservar.

En un recipiente grande mezclar la harina, el bicarbonato, el jengibre, la canela, la sal y el clavo de olor. En otro recipiente disponer el aceite y 1 taza (200 g) de azúcar; batir con máquina eléctrica durante 2 minutos o hasta blanquear. Sumar el huevo, la melaza y el lino hidratado mientras se sigue batiendo para integrar. Añadir la mezcla de harina a la de aceite y revolver hasta homogeneizar.

Tomar 2 cucharadas (28 g) de la preparación, formar una esfera (algo más pequeña que una pelota de golf) y hacerla rodar sobre el azúcar restante. Ubicarla en una de las bandejas. Repetir con el resto de la mezcla, dejando 5 cm libres entre las galletas. Hornear ambas bandejas de 12 a 14 minutos o hasta que los bordes estén firmes y la superficie craquelada. Enfriar ligeramente sobre una rejilla.

Mientras tanto, derretir el chocolate a baño maría o en microondas, cuidando que no se queme. Rociar con él las galletas. Si se desea, refrigerar unos pocos minutos para que se endurezca.

✸ SUGERENCIA PRÁCTICA ✸

Antes de medir la melaza, rocía la taza medidora con spray de cocina. Así, la melaza se deslizará sin adherirse al recipiente.

Cuadrados crocantes de cacahuete y chocolate

PARA 9 A 12 CUADRADOS

Dos cosas que satisfacen a pleno mis ansias de dulces son las golosinas crocantes con malvaviscos y las que juntan chocolate y cacahuetes. Estos cuadrados representan lo mejor de ambos mundos.

- 1 paquete (283 g) de malvaviscos miniatura
- 3 cdas. (42 g) de mantequilla
- 6 tazas (156 g) de arroz inflado sin gluten
- Spray de cocina
- ¼ taza (65 g) de mantequilla de cacahuete/maní cremosa
- 171 g de chocolate negro, picado

En una cacerola grande derretir a fuego medio los malvaviscos y la mantequilla, revolviendo con frecuencia. Dejar que se doren sin que lleguen a quemarse. Con cuidado y rápidamente añadir el arroz inflado, revolviendo para que se impregne. Extender presionando dentro de una asadera de 23 cm rociada con spray de cocina. En microondas al máximo calentar la mantequilla de cacahuete junto con 228 g de chocolate hasta que este se derrita, revolviendo cada 30 segundos (1 minuto en total). Añadir el resto del chocolate y revolver hasta que se derrita y se integre.

Cubrir la preparación de la asadera con la mezcla de chocolate. Llevar al congelador hasta que el chocolate se endurezca. Cortar en cuadrados y servir.

Melocotones Foster

PARA 6 PORCIONES DE 114 G

Sublime unión entre dos clásicos: los melocotones con nata y los plátanos Foster. Este postre no te defraudará. Es ideal para aprovechar los melocotones maduros en temporada. Y, además, ¿acaso las llamas de un flameado no fascinan a nuestro niño interno?

- 3 cdas. (42 g) de mantequilla
- ⅓ taza (75 g) de azúcar moreno compacto
- 1 cdita. de extracto de vainilla
- ½ cdita. de canela
- 455 g de melocotones/duraznos frescos pelados o descongelados, en tajadas
- ¼ taza (60 cm^3) de ron oscuro
- 3 tazas (420 g) de helado de vainilla, para servir

Derretir la mantequilla en una sartén grande a fuego medio. Añadir el azúcar, la vainilla y la canela; revolver y cocer 2 minutos. Sumar los melocotones y cocer 3 minutos o hasta que estén tiernos. Retirar del calor. Verter el ron en la sartén y encenderlo con un fósforo largo. Con cuidado mover los melocotones hasta que la llama se apague. Servir sobre porciones de ½ taza (70 g) de helado.

Panquecón de pera

PARA 4 PORCIONES

También llamado "panqueque alemán", se cuece en el horno y se puede servir con el desayuno o como postre. Gracias al batido de huevos, durante la cocción crece hasta convertirse en un mullido colchón dorado que se aplana al enfriarse.

5 cdas. (70 g) de mantequilla
2 peras, peladas y sin los centros, en tajadas de 6 mm
1 cda. (15 g) de azúcar moreno compacto
1 cdita. de zumo/jugo de limón fresco
¼ cdita. de canela
½ taza (120 cm^3) de leche o de un producto alternativo
½ taza (70 g) de harina multipropósito sin gluten (p. 15) u otra a elección
4 huevos grandes
2 cdas. (26 g) de azúcar
½ cdita. de extracto de vainilla
¼ cdita. de sal
Azúcar glas, para espolvorear

Precalentar el horno a 230 °C o gas 8.

En una sartén grande para horno derretir la mantequilla a fuego medio alto. Pasar 2 cucharadas (30 cm^3) al recipiente de la licuadora. Añadir a la sartén las peras, el azúcar, el zumo de limón y la canela. Cocer 3 minutos o hasta que las peras empiecen a ablandarse.

Mientras tanto, agregar a la licuadora la leche, la harina, los huevos, el azúcar, la vainilla y la sal. Accionar hasta obtener una pasta homogénea. Verter la pasta en la sartén, sobre las peras. Hornear 15 minutos o hasta que el panquecón se infle y se dore. Espolvorear con azúcar glas, si se desea, y servir de inmediato.

CAPÍTULO

Tiempo extra para hornear

 SI DISPONES DE UN MOMENTO, ESTE ES EL MOMENTO.
Momento de encender el horno, ponerse el delantal y dar rienda suelta a tus ganas de amasar sin gluten. No te amilanes, todos estos manjares son fáciles de preparar. Para su cocción o enfriado demoran apenas un poco más que el resto de las recetas de este libro. Pero no te preocupes… se trata de un tiempo extra "inactivo", que te permitirá retomar otras tareas cotidianas.

Masa de pizza sin gluten

PARA 1 BASE DE PIZZA DE 40 CM

No sé tú, pero yo me cansé enseguida de la masa de pizza sin gluten dura y aplastada. Me alegra darle la bienvenida a la que me gusta. Con esta receta consigo una opípara pizza de 40 cm con masa gordita, esponjosa, tierna y un tentador aroma a levadura. ¡Que esté de nuevo en tu mesa!

1 ½ cda. (10,50 g) de semillas molidas de lino dorado
3 cdas. (45 cm^3) de agua muy caliente
3 tazas (420 g) de harina multipropósito sin gluten (p. 15) u otra a elección
2 cditas. (12 g) de sal
5 cditas. (20 g) de levadura seca activa
⅓ taza (75 cm^3) de aceite de oliva
1 cda. (13 g) de azúcar
1 taza (235 cm^3) de agua tibia (43 °C)
Aceite de oliva para pincelar
½ cdita. de ajo en polvo

Hidratar el lino con el agua caliente y revolver hasta que espese; reservar.

En un cuenco grande o en el recipiente de la batidora, mezclar la harina y la sal. En un cuenco mediano unir la levadura, el aceite, el azúcar y ½ taza (120 cm^3) de agua tibia. Dejar reposar 3 minutos para que la levadura se active.

Añadir la preparación de levadura a la de harina y mezclar a mano o a máquina durante 1 minuto. Incorporar el lino hidratado y seguir mezclando de 5 a 7 minutos, hasta que se forme un bollo. Si la masa se ve demasiado seca, añadir agua tibia por cucharaditas hasta que resulte tierna y elástica. Tapar y dejar reposar 1 hora.

Para hornear la pizza, precalentar el horno a 230 °C o gas 8.

Extender la masa entre 2 trozos de papel de hornear hasta darle el espesor que se desee. Disponerla en una piedra para pizza o en una bandeja para horno. Pincelar toda la superficie con aceite y esparcir el ajo en polvo. Cubrir con queso y otros ingredientes a elección y hornear 16 minutos o hasta que el queso se derrita y la masa esté cocida.

Scones de avena con frutos rojos

PARA 8 SCONES

Siempre he suspirado por los buenos *scones*. Combinan la mantequilla de los bizcochos con el azúcar de los *muffins* para alcanzar la perfección. Estos nos dan la oportunidad de disfrutar de los frutos rojos a comienzos del verano e incluyen avena para matizar la textura.

- 1 ½ taza (150 g) de avena arrollada sin gluten
- 1 ⅓ taza (190 g) de harina multipropósito sin gluten (p. 15) u otra a elección
- ⅓ taza (75 g) de azúcar negro compacto
- 1 cda. (14 g) de polvo de hornear
- 4 cditas. (9 g) de semillas molidas de lino dorado
- ½ cdita. de canela
- ½ cdita. de sal
- ½ taza (112 g) de mantequilla fría
- ½ taza (120 cm³) de nata/crema doble
- 1 huevo grande
- 1 yema grande
- ½ taza (75 g) de arándanos frescos
- ½ taza (65 g) de frambuesas frescas
- Spray de cocina
- 2 cdas. (28 g) de azúcar turbinado, para espolvorear

Precalentar el horno a 200 °C o gas 6.

En un recipiente grande mezclar la avena, la harina, el azúcar negro, el polvo de hornear, el lino, la canela y la sal. Añadir la mantequilla y desmenuzarla con un mezclador de masas o con la punta de los dedos hasta obtener un granulado.

Unir la nata, el huevo y la yema en un cuenco mediano. Agregar esta mezcla a los secos y revolver para integrar. Sumar los arándanos y las frambuesas; revolver con suavidad.

Con las manos apenas enharinadas colocar la masa sobre una bandeja para horno rociada con spray de cocina y formar un disco de 20 cm. Llevar al congelador durante 10 minutos.

Con un cuchillo filoso dividir el disco en 8 triángulos; separarlos hasta dejar 5 cm libres entre uno y otro, pues crecerán durante la cocción. Espolvorear con el azúcar turbinado. Hornear de 18 a 20 minutos o hasta que se doren.

> ✺ **SUGERENCIA PRÁCTICA** ✺
>
> Cuando vayas a utilizar lino como aglutinante, puedes comprar las semillas enteras y molerlas en casa. Sin embargo, te sugiero que optes por las que vienen en polvo, listas para usar. Para que no se pongan rancias, guarda en el refrigerador las que elijas.

Pop-tarts caseras de arándanos

PARA 9 POP-TARTS

¿Quién no merece una *pop-tart*? Ahora pueden volver a tu vida sin gluten con esta versión fácil. Más livianas que las industriales que se exhiben en los estantes del supermercado, quedan mejor si se recalientan en el horno y no en la tostadora.

1 receta de masa *sucrée* (p. 122) u otra masa similar sin gluten, ablandada
1 huevo grande, ligeramente batido
1 taza (aprox. 320 g) de mermelada de arándanos
Leche, para pincelar
Azúcar turbinado, para espolvorear

Precalentar el horno a 200 °C o gas 6.

Colocar la mitad de la masa *sucrée* entre dos trozos de papel de hornear ligeramente enharinados; extenderla para formar un rectángulo de 38 x 23 cm y 3 mm de espesor. Repetir con la masa restante.

Dividir cada rectángulo de masa en 9 piezas de 7,50 x 13 cm, para obtener 18 piezas en total. Pincelar 9 de ellas con el huevo batido. Sobre cada una colocar 1 cucharada colmada (20 g) de mermelada y extenderla dejando libre un borde de 1,20 cm todo alrededor. Cubrir con las otras piezas de masa; sellar presionando el contorno y marcar con un tenedor.

Acomodar las pop-tarts en una bandeja grande para horno cubierta con papel de hornear. Pinchar varias veces la superficie con un tenedor o con un palillo. Pincelar con leche y espolvorear con el azúcar turbinado. Hornear 16 minutos o hasta que se doren. Dejar enfriar.

✳ CONSEJO: GLASEADO PARA MIMARNOS ✳

Soy de las que opinan que una pop-tart no está completa sin un glaseado colorido. Si coincides conmigo, añade 2 cucharaditas (10 cm^3) de leche y 1 cucharadita de mermelada de arándanos a $1/3$ taza (80 g) de azúcar glas y revuelve para integrar. Unta las pop-tarts frías y mima al niño que llevas dentro.

Galettes de manzana

PARA 4 PORCIONES

Mis sabores de otoño favoritos se reúnen dócilmente para componer estas irresistibles tartas rústicas.

- 3 manzanas Granny Smith pequeñas (aprox. 368 g), peladas, en tajadas de 6 mm
- ½ taza (115 g) de azúcar moreno compacto
- 2 cdas. (16 g) de harina multipropósito sin gluten (p. 15) u otra a elección
- 2 cditas. (10 cm^3) de zumo/jugo de limón
- 2 cditas. (10 cm^3) de extracto de vainilla
- ½ cdita. de canela
- ¼ cdita. de sal
- ½ receta de masa sucrée (p. 122)
- 1 huevo grande, ligeramente batido
- 1 cda. (14 g) de azúcar turbinado
- ½ taza (164 g) de salsa de caramelo sin gluten, para servir

Precalentar el horno a 220 °C o gas 7. Cubrir con papel de hornear una bandeja para horno.

En un cuenco mediano mezclar las manzanas, el azúcar moreno, la harina, el zumo de limón, la vainilla, la canela y la sal.

Dividir la masa *sucrée* en 4 partes. Extender cada una entre dos trozos de papel de hornear hasta obtener un disco de 18 cm. Desprender con cuidado el papel y acomodar en la bandeja los discos de masa. En el centro de un disco ubicar ¼ de la mezcla de manzana, dejando libre un borde de 5 cm. Doblar este borde hacia el centro para cubrir parcialmente el relleno; sellar presionando con suavidad y pellizcando cualquier grieta que pudiera aparecer en la masa. Repetir con los otros discos de masa y el resto del relleno.

Pincelar la masa con huevo batido y espolvorear con el azúcar turbinado.

Hornear durante 20 minutos o hasta que la masa esté cocida y levemente dorada. Rociar las *galettes* con salsa de caramelo.

Minipasteles de chocolate sin harina con salsa praliné

PARA 12 PORCIONES

No hay nada como la textura trufada y chocolatosa de un pastel sin harina. Y como estos son individuales, no tendrás que preocuparte por controlar el tamaño de la porción ni por resistir el impulso de servirte otra. Corónalos con praliné (esa generosa contribución del sur de los Estados Unidos al mundo de las golosinas), esta vez en forma de salsa.

PARA LOS MINIPASTELES
⅓ taza (37 g) de pacanas/nueces pecán picadas
3 huevos grandes, separados
1 ¼ taza (250 g) de azúcar
2 cdas. (28 g) de cacao amargo
114 g de chocolate semiamargo, picado grueso
3 cdas. (45 cm^3) de agua tibia
Spray de cocina

PARA LA SALSA PRALINÉ
1 taza (150 g) de azúcar moreno compacto
½ taza (120 cm^3) de leche evaporada
1 cda. (14 g) de mantequilla
½ taza (55 g) de pacanas/nueces pecán picadas
½ cdita. de extracto de vainilla

Preparación de los minipasteles. Precalentar el horno a 220 °C o gas 7.

Disponer las pacanas en el recipiente de una procesadora o licuadora pequeña; accionar por pulsos hasta obtener una pasta (aprox. 1 minuto), si fuera necesario, desprender lo que se adhiera a las paredes. Reservar.

Mezclar en un recipiente grande las yemas, el azúcar y el cacao. En microondas al máximo calentar el chocolate durante 45 segundos, revolviendo cada 15 segundos. Reservar.

En un cuenco grande batir las claras a punto nieve firme con máquina eléctrica a velocidad máxima. Agregar a la mezcla de yemas la pasta de pacanas, el chocolate y el agua tibia. Revolver hasta homogeneizar. Incorporar con suavidad primero la mitad de las claras y luego el resto. Distribuir la preparación en 12 moldes para *muffins* rociados con spray de cocina.

Hornear 10 minutos o hasta que estén casi firmes, pero aún blandos en el centro. Enfriar sobre una rejilla durante 10 minutos.

Preparación de la salsa praliné. Colocar en una cacerola mediana el azúcar moreno, la leche evaporada y la mantequilla. Llevar a hervor suave a fuego medio alto, revolviendo cada tanto. Hervir 1 minuto o hasta que el azúcar se disuelva y la mezcla espese. Retirar del calor y añadir las pacanas y la vainilla. Dejar reposar 10 minutos.

Desmoldar los minipasteles sobre platos de postre y servir con la salsa.

Cheesecake de lima y limón con base de galletas de jengibre

PARA 12 PORCIONES

Los cítricos y el jengibre forman uno de mis dúos preferidos. Y como mi marido es fanático del *cheesecake*, esta receta cosecha aplausos de toda la familia. Es simple y no falla.

PARA LA BASE
2 tazas (231 g, aprox. 33 unidades) de galletas de jengibre sin gluten, trituradas
3 cdas. (42 g) de mantequilla, derretida

PARA EL CHEESECAKE
669 g de queso crema, ablandado
1 taza (200 g) de azúcar
4 huevos grandes
¾ taza (173 g) de nata/crema agria
1 cda. (8 g) de harina multipropósito sin gluten (p. 15) u otra a elección
1 cda. (6 g) de ralladura de limón orgánico
1 cda. (6 g) de ralladura de lima orgánica
2 cdas. (30 cm^3) de zumo/jugo de limón fresco
2 cdas. (30 cm^3) de zumo/jugo de lima fresco

Preparación de la base. Precalentar el horno a 180 °C o gas 4.

Colocar en un cuenco mediano las galletas y la mantequilla; mezclar hasta que se integren perfectamente. Pasar a un molde desmontable de 23 cm y presionar con firmeza para cubrir todo el fondo y también las paredes hasta una altura de 1,20 cm. Hornear 8 minutos. Retirar del horno y bajar la temperatura a 150 °C o gas 2.

Preparación del cheesecake. Mezclar el queso crema y el azúcar en un recipiente grande. Batir con máquina eléctrica 3 minutos. Añadir los huevos de a uno, batiendo cada vez. Incorporar la nata agria, la harina, las ralladuras y los zumos, batiendo siempre hasta integrar. Verter sobre la base.

Hornear 65 minutos o hasta que los laterales estén cocidos y el centro tiemble apenas al sacudir suavemente el molde. Pasar un cuchillo de hoja delgada entre el cheesecake y el molde. Enfriar por completo; tapar y refrigerar por lo menos 3 horas o toda la noche. Retirar el aro del molde y servir.

✳ **CONSEJO: BASE COMPACTA** ✳

Para que la base resulte bien trabada, coloca la mano dentro de una bolsa de plástico y presiona con firmeza sobre la mezcla de galletas.

Pan de limón y amapola para el té

PARA 1 PAN DE 20 CM

Adoro los panes rápidos. Son como los *muffins*, ¡pero menos complicados! Este clásico cautiva con su fragancia a limón y será bienvenido a la hora del té o del *brunch*.

1 ¾ taza (240 g) de harina multipropósito sin gluten (p. 15) u otra a elección
1 cdita. de polvo de hornear
½ cdita. de sal
½ taza (120 cm^3) de aceite de canola
¾ taza (150 g) de azúcar
2 huevos grandes
1 ½ cdita. (7 g) de extracto de vainilla
2 cditas. (4 g) de ralladura de limón orgánico
¾ taza (175 cm^3) de leche o de un producto alternativo
4 cdas. (60 cm^3) de zumo/jugo de limón fresco
3 cdas. (23 g) de semillas de amapola
Spray de cocina
1 taza (120 g) de azúcar glas

Precalentar el horno a 180 °C o gas 4.

Mezclar en un recipiente grande la harina, el polvo de hornear y la sal.

En otro recipiente grande batir con máquina eléctrica durante 2 minutos el aceite y el azúcar. Añadir los huevos y la vainilla y batir bien. Sumar la ralladura y revolver. Agregar de a poco los secos alternando con la leche, empezando y terminando con secos. Incorporar 2 cucharadas (30 cm^3) de zumo de limón y la amapola. Verter la preparación en un molde para pan de 20 x 10 cm rociado con spray de cocina.

Hornear 50 minutos o hasta que un palillo insertado en el centro salga limpio. Enfriar en el molde sobre una rejilla.

Mientras tanto, mezclar en un tazón el azúcar glas y el resto del zumo de limón. Verter este glaseado sobre el pan frío.

Scones de avena

PARA 8 SCONES

Me encantaba escudriñar el exhibidor de la cafetería para elegir lo que más me apeteciera. Casi siempre era un *scone* de avena con pacanas y jarabe de arce. Desde que supe que esos placeres con gluten no eran amigos de mi estómago, me dediqué a desarrollar una versión libre de gluten. ¡Y aquí la tienes!

PARA LAS PACANAS GLASEADAS
¾ taza (83 g) de pacanas/nueces pecán picadas
3 cdas. (39 g) de azúcar
¼ cdita. de canela
2 cditas. (10 cm³) de agua

PARA LOS SCONES
4 cditas. (28 g) de semillas molidas de lino dorado
4 cditas. (20 cm³) de agua caliente
1 ½ taza (150 g) de avena arrollada sin gluten, apenas molida
1⅔ taza (190 g) de harina multipropósito sin gluten (p. 15) u otra a elección
⅓ taza (75 g) de azúcar negro compacto
1 cda. (14 g) de polvo de hornear
½ cdita. de canela
½ cdita. de sal
½ taza (112 g) de mantequilla fría, en trocitos
⅓ taza (75 cm³) de nata/crema doble
3 cdas. (45 cm³) de jarabe de arce grado B
1 huevo grande
1 yema grande
¾ cdita. de extracto de arce

PARA LOS GLASEADOS
1 ¾ taza (210 g) de azúcar glas
6 ½ cditas. (32,50 cm³) de leche o de un producto alternativo
½ cdita. de extracto de arce

Preparación de las pacanas glaseadas. En una sartén pequeña mezclar las pacanas, 3 cucharadas (39 g) de azúcar, ¼ cucharadita de canela y el agua. Llevar a hervor a fuego medio alto; cocer revolviendo con frecuencia, hasta que se forme un caramelo. Volcar sobre un trozo de papel de hornear. Extender y reservar.

Preparación de los *scones*. Hidratar el lino con el agua caliente y revolver hasta que espese; reservar.

En un cuenco grande mezclar la avena, la harina, el azúcar, el polvo de hornear, ½ cucharadita de canela y la sal. Añadir la mantequilla y desmenuzarla con un mezclador de masas o con la punta de los dedos hasta obtener un granulado.

Mezclar en un recipiente mediano la nata, el jarabe de arce, el huevo, la yema y el extracto de arce. Incorporar esta mezcla y el lino hidratado a los secos; revolver para unir. Sumar las pacanas glaseadas, rompiendo el caramelo si los trozos fueran muy grandes; revolver para integrar.

Con las manos apenas enharinadas formar con la masa un disco de 20 cm sobre una bandeja para horno cubierta con papel de hornear. Refrigerar 30 minutos.

Precalentar el horno a 200 °C o.gas 6.

Dividir el disco de masa en 8 triángulos; separarlos dejando entre ellos espacio suficiente para que crezcan sin tocarse durante la cocción. Hornear de 18 a 20 minutos o hasta que se doren. Enfriar por completo sobre una rejilla.

Preparación de los glaseados. Mezclar 1 ¼ taza (150 g) de azúcar glas, 4 cucharaditas (20 cm³) de leche y ½ cucharadita de extracto de arce; homogeneizar. Cubrir los *scones*.

Mezclar el azúcar glas y la leche restantes. Rociar sobre el glaseado anterior.

Pasteles de chocolate y café

PARA 5 PORCIONES

Hay quienes llaman "budines en su salsa" a estos postres chirles. La mezcla de cacao, café y azúcar moreno disueltos se integra mágicamente con el batido durante la cocción en el horno. El resultado es un centro lujurioso, casi líquido, similar al del volcán de chocolate.

- ¾ taza (100 g) de harina multipropósito sin gluten (p. 15) u otra a elección
- ½ taza (112 g) más 1 cda. (14 g) de cacao
- 1 cda. (5,40 g) más ¼ cdita. de café instantáneo en polvo
- 1 ½ cdita. (7 g) de polvo de hornear
- ½ cdita. de canela
- ¼ cdita. de sal
- 1 taza (200 g) de azúcar
- ¼ taza (55 g) de mantequilla, ablandada
- 3 huevos grandes
- 1 cdita. de extracto de vainilla
- 57 g de chocolate semiamargo (60 % de cacao), picado fino
- Spray de cocina
- ⅓ taza (75 g) de azúcar moreno compacto
- ¼ taza (60 cm^3) de agua caliente
- Azúcar glas, para espolvorear

Precalentar el horno a 180 °C o gas 4.

En un cuenco mediano mezclar la harina, ½ taza (112 g) de cacao, 1 cucharada (5,40 g) de café, el polvo para hornear, la canela y la sal.

En otro cuenco mediano batir con máquina eléctrica el azúcar y la mantequilla durante 1 minuto o hasta que se integren bien. Agregar los huevos y la vainilla y batir 2 minutos más. Incorporar al batido, revolviendo, los secos y luego, el chocolate.

Distribuir la preparación en 5 cazuelitas de 105 cm^3 rociadas con spray de cocina. Ubicarlas en una bandeja para horno.

Mezclar en un tazón el cacao y el café restantes, el azúcar moreno y el agua. Verter sobre la preparación de las cazuelitas; no revolver.

Hornear de 15 a 18 minutos o hasta que los bordes estén firmes y el centro blando. Si se desea, nevar con azúcar glas. Servir de inmediato.

Barritas de cacahuete con pasas bañadas en chocolate

PARA 16 BARRITAS

Este es exactamente el tipo de gustito que me gustaría darme todos los días a las tres de la tarde. Cuando las horas empiezan a pasar con lentitud, me asaltan las apetencias de azúcar y cafeína y necesito algo que me empuje. Estas barritas libres de gluten vienen al rescate.

Spray de cocina
¼ taza (55 g) de mantequilla, ablandada
½ taza (115 g) de azúcar moreno compacto
½ taza (100 g) de azúcar
1 taza (260 g) de mantequilla de cacahuete/maní
2 huevos grandes
1 cdita. de extracto de vainilla
2 ¼ tazas (205 g) de avena arrollada sin gluten
1 cdita. de bicarbonato de sodio
⅛ cdita. de sal
1 ½ taza (270 g) de pasas de uva bañadas en chocolate, sin gluten

Precalentar el horno a 180 °C o gas 4.

Cubrir una asadera de 23 cm con papel de hornear, dejando que sobresalga 5 cm de los bordes. Rociar el papel con spray de cocina.

Batir la mantequilla con máquina eléctrica a velocidad media hasta que esté cremosa. Agregar las dos clases de azúcar y batir bien. Sumar la mantequilla de cacahuete, los huevos y la vainilla; volver a batir. Incorporar, revolviendo, la avena, el bicarbonato, la sal y por último las pasas.

Extender la preparación en forma pareja dentro de la asadera. Hornear durante 27 minutos o hasta que se dore. Enfriar ligeramente. Con ayuda del papel, levantar la masa cocida y sacarla de la asadera. Cortar en 16 cuadrados.

✺ CONSEJO: AVENA CERTIFICADA ✺

Verifica siempre que la avena que emplees no contenga gluten. Con frecuencia se procesa en establecimientos que también trabajan con trigo, de modo que el riesgo de contaminación cruzada es alto. No obstante, muchas empresas ofrecen avena sin gluten certificada. Si tienes dudas, consulta con tu médico antes de consumir avena.

Pastelitos de piña colada

PARA 12 PASTELITOS

Me encanta la harina de coco. Además de aportar altas dosis de fibras y proteínas, enriquece estos pastelitos con un exquisito aroma natural que se lleva de maravillas con la piña y el ron.

PARA LOS PASTELITOS
¾ taza (aprox. 100 g) de harina de coco
⅔ taza (aprox. 90 g) de harina multipropósito sin gluten (p. 15) u otra a elección
1 ½ cdita. (7 g) de polvo de hornear
½ cdita. de sal
½ taza (120 cm^3) de zumo/jugo de piña/ananá
1 cda. (15 cm^3) de ron oscuro
12 cdas. (167 g) de mantequilla
3 huevos grandes, a temperatura ambiente
¾ taza más 2 ½ cditas. (170 g) de azúcar

PARA EL GLASEADO
1 ¼ taza (150 g) de azúcar glas
5 cditas. (25 cm^3) de zumo/jugo de piña/ananá
Azúcar turbinado, para espolvorear

Preparación de los pastelitos. Precalentar el horno a 180 °C o gas 4.

Colocar pirotines dentro de 12 cavidades de un molde para *muffins*. Mezclar en un recipiente mediano las harinas, el polvo de hornear y la sal.

En una cacerola mediana calentar a fuego medio alto el zumo de piña, el ron y la mantequilla hasta que esta se derrita. Mientras tanto, con máquina eléctrica batir a velocidad máxima los huevos y el azúcar aproximadamente 5 minutos, hasta que estén espesos y pálidos. Seguir batiendo para integrar con rapidez los secos y luego los líquidos, cuidando que no se baje el batido.

Con una cuchara para helado distribuir la preparación en los pirotines. Para emparejar el nivel, dar al molde una sacudida breve y suave de lado a lado. Hornear 22 minutos o hasta que se doren ligeramente. Enfriar sobre una rejilla.

Para el glaseado. Mezclar en un tazón el azúcar glas y el zumo de piña; homogeneizar con batidor. Añadir más azúcar o más zumo, según se precise, para obtener un glaseado espeso pero corredizo. Cubrir con él los pastelitos. Esparcir por encima el azúcar turbinado.

✸ **CONSEJO: GLASEADO CON GARRA** ✸

Para un glaseado borrachito, sustituye 2 cucharaditas (10 cm^3) de zumo de piña por igual cantidad de ron antes de agregar el azúcar.

Muffins de calabaza con chips de chocolate

PARA 12 MUFFINS

Antes de casarnos, dos de mis amigas más queridas y yo solíamos visitarnos a pesar de las distancias. Cuando llegaba el turno de reunirnos en Nashville, íbamos a una cafetería donde siempre pedíamos enormes tazones de café y ricos *muffins* de calabaza con chips de chocolate. Esta receta intenta honrar aquel ritual entrañable.

- 1 ½ taza (210 g) de harina multipropósito sin gluten (p. 15) u otra a elección
- 1 cdita. de polvo de hornear
- 1 cdita. de bicarbonato de sodio
- 1 cdita. de especias para pastel de calabaza
- 1 cdita. de canela
- ½ cdita. de sal
- ½ taza (120 cm³) de aceite de canola
- 1 taza (225 g) de azúcar moreno compacto
- 1 taza (245 g) de calabaza enlatada
- 2 huevos grandes
- 1 cdita. de extracto de vainilla
- 1 taza (175 g) de chips de chocolate miniatura

Precalentar el horno a 200 °C o gas 6.

Dentro de 12 moldes para *muffins* colocar pirotines o trozos de papel de hornear.

Mezclar en un recipiente grande la harina, el polvo de hornear, el bicarbonato, las especias, la canela y la sal. En un cuenco mediano unir el aceite, el azúcar, la calabaza, los huevos y la vainilla. Añadir esta mezcla a los secos, mientras se revuelve para integrar. Sumar los *chips* de chocolate y revolver.

Distribuir en los moldes. Hornear durante 21 minutos. Enfriar sobre una rejilla.

> ✹ **CONSEJO: ESPECIAS ESPECIALES** ✹
>
> La mezcla de especias para pastel de calabaza incluye canela, jengibre, nuez moscada, pimienta de Jamaica y clavo de olor. Si no la consigues, anímate a prepararla en casa.

Galletas de azúcar y canela

PARA 27 GALLETAS

Las primeras galletas que recuerdo haber preparado religiosamente en la cocina de mi madre fueron estas, que en mi país se llaman *snickerdoodles*. Aún conservo en mi querido cuaderno la receta orgullosamente escrita con mi letra infantil. Mantecosas, aromáticas y plenamente gratificantes, llenarán tu casa de un paradisíaco olor a canela.

- 1 cdita. de semillas molidas de lino dorado
- 2 cditas. (10 cm^3) de agua muy caliente
- ½ taza (100 g) de grasa alimentaria
- ½ taza (112 g) de mantequilla, ablandada
- 1 ½ taza (300 g) más 2 ½ cdas. (32,50 g) de azúcar
- 1 cda. (15 cm^3) de jarabe de maíz
- 2 huevos grandes
- 1 yema grande
- 2 cditas. (10 cm^3) de extracto de vainilla
- 3 ¼ tazas más 1 cda. (aprox. 425 g) de harina multipropósito sin gluten (p. 15) u otra a elección
- 2 cditas. (9 g) de crémor tártaro
- 1 cdita. de bicarbonato de sodio
- ½ cdita. de sal
- 3 ¼ cditas. (7,50 g) de canela

Precalentar el horno a 190 °C o gas 5.

Hidratar el lino con el agua caliente y revolver hasta que espese; reservar.

En un cuenco grande colocar la grasa y la mantequilla; batir con máquina eléctrica hasta que estén cremosas. Agregar 1 ½ taza (300 g) de azúcar y batir 1 minuto. Incorporar, batiendo, el jarabe de maíz, los huevos, la yema, la vainilla y el lino hidratado.

Mezclar en un cuenco mediano la harina, el crémor tártaro, el bicarbonato, la sal y ¼ cucharadita de canela. Añadir esta mezcla al batido e integrar bien (la masa debe resultar algo blanda, pero no pegajosa). Tomar porciones y formar esferas de 5 cm.

Unir en un tazón el azúcar y la canela restantes. Hacer rodar las esferas por esta mezcla.

Acomodarlas en una bandeja para horno cubierta con papel de hornear; aplanarlas hasta dejarlas de 1,20 cm de espesor. Hornear 11 minutos o hasta que los bordes estén firmes y el centro tierno. Dejar reposar 3 minutos en la bandeja antes de retirar y enfriar sobre una rejilla.

Brownies trufados de chocolate triple

PARA 9 A 12 PORCIONES

Todos necesitamos de tanto en tanto una dosis de chocolate. Y estos *brownies* proporcionan una dosis triple. Si deseas un incomparable bocado de chocolate, deja lo que estés haciendo y prepáralos ya.

- ¾ taza (167 g) de mantequilla
- 114 g de chocolate semiamargo (60 % de cacao), picado fino
- 3 huevos grandes
- 1 taza (235 cm^3) de azúcar
- ¼ cdita. de sal
- 1 cdita. de extracto de vainilla
- ¾ taza más 2 cdas. (105 g) de harina multipropósito sin gluten (p. 15) u otra a elección
- ½ taza (64 g) de cacao
- ½ taza (90 g) de chocolate blanco picado grueso
- ½ taza (90 g) de chocolate con leche picado grueso

Precalentar el horno a 180 °C o gas 4.

Cubrir con papel de hornear una asadera de 23 cm.

Disponer en un recipiente mediano la mantequilla y el chocolate semiamargo. Calentar en microondas al máximo 1 minuto, revolviendo cada 30 segundos para derretir e integrar. Reservar.

Con máquina eléctrica a velocidad máxima batir los huevos, el azúcar y la sal durante 3 minutos o hasta que estén ligeros y esponjosos. Agregar, revolviendo, la vainilla, la mezcla de chocolate, la harina y el cacao. Incorporar con suavidad el chocolate blanco y con leche.

Verter la preparación en la asadera y hornear 26 minutos o hasta que los bordes estén firmes y el centro algo tierno. Enfriar sobre una rejilla. Cortar en cuadrados.

Blondies de chocolate blanco, coco, lima y pacanas

PARA 16 PORCIONES

Hace varios años creé unos *blondies* con chocolate blanco y lima. Con el tiempo, mis amigos y yo fuimos sumándoles cositas que dieron por resultado el colmo del *blondie*. Una desmesura increíble que te obligará a usar babero.

- ¾ taza (167 g) de mantequilla, derretida
- 1 taza (225 g) de azúcar moreno compacto
- 3 huevos grandes
- 2 cditas. (10 cm^3) de extracto de vainilla
- 1 taza (140 g) de harina multipropósito sin gluten (p. 15) u otra a elección
- ¼ cdita. de sal
- ½ taza (88 g) de trozos de chocolate blanco
- ½ taza (55 g) de pacanas/nueces pecán picadas
- ⅓ taza (40 g) de arándanos rojos desecados
- ⅓ taza (28 g) de coco rallado endulzado
- 1 cda. (6 g) de ralladura de lima orgánica
- Spray de cocina

Precalentar el horno a 180 °C o gas 4.

Cubrir con papel de hornear una asadera de 23 cm.

En un recipiente mediano integrar la mantequilla, el azúcar, los huevos y la vainilla. Añadir la harina y la sal; revolver hasta homogeneizar. Incorporar con suavidad el chocolate blanco, las pacanas, los arándanos, el coco y la ralladura de lima.

Verter la preparación en la asadera. Hornear 26 minutos o hasta que un palillo insertado en el centro salga limpio. Enfriar sobre una rejilla. Cortar en cuadrados.

Pan de higos y jengibre

PARA 1 PAN DE 20 CM

Siempre me alegra tener pan de jengibre fresco en casa; opino que no debe reservarse solo para la época de las fiestas. Ni falta hace decir que los panes rápidos como este son tan fáciles de preparar y hornear, que no hay excusas para no hacerlos.

- 2 tazas (aprox. 280 g) de harina multipropósito sin gluten (p. 15) u otra a elección
- 1 cdita. de jengibre en polvo
- 1 cdita. de canela
- 1 cdita. de bicarbonato de sodio
- ½ cdita. de polvo de hornear
- ¼ cdita. de clavo de olor molido
- ¼ cdita. de sal
- ⅔ taza (163 g) de salsa de manzana
- ⅓ taza (113 g) de melaza
- 2 huevos grandes
- ½ taza (115 g) de azúcar moreno compacto
- ½ taza (112 g) de mantequilla, derretida
- 1 cdita. de extracto de vainilla
- 1 taza (150 g) de higos misión secos, en mitades a lo largo
- Spray de cocina

Precalentar el horno a 180 °C o gas 4.

Mezclar en un recipiente grande la harina, el jengibre, la canela, el bicarbonato, el polvo de hornear, el clavo de olor y la sal.

En un cuenco mediano mezclar la salsa de manzana, la melaza, los huevos, el azúcar, la mantequilla y la vainilla. Añadir esta mezcla a los secos y revolver para integrar. Con suavidad agregar los higos.

Verter la preparación en un molde para pan de 20 cm rociado con spray de cocina. Hornear 55 minutos o hasta que un palillo insertado en el centro salga limpio. Enfriar en el molde sobre una rejilla.

Recursos

>>> **Sitios web** <<<

NATIONAL FOUNDATION FOR CELIAC AWARENESS
(Fundación Nacional para la Concienciación de los Celíacos)
www.celiaccentral.org

CELIAC DISEASE FOUNDATION
(Fundación de la Celiaquía)
www.celiac.org

AMERICAN CELIAC DISEASE ALLIANCE
(Alianza Norteamericana de la Celiaquía)
www.americanceliac.org

GLUTEN INTOLERANCE GROUP OF NORTH AMERICA
(Grupo Norteamericano de Intolerancia al Gluten)
www.gluten.net

CELIAC SPRUE ASSOCIATION
(Asociación de la Celiaquía y el Esprúe)
www.csaceliacs.info

CELIAC DISEASE AWARENESS CAMPAIGN OF THE NATIONAL INSTITUTES OF HEALTH
(Campaña de los Institutos Nacionales de Salud para la Concienciación sobre la Celiaquía)
www.celiac.nih.gov

KUMQUAT (mi blog)
www.kumquatblog.com

>>> **Las marcas preferidas de mi alacena** <<<

HARINAS: uso principalmente harinas sin gluten Bob's Red Mill y harina superfina de arroz integral Authentic Foods. También soy fanática de la harina multipropósito sin gluten King Arthur.

PASTAS: las pastas Jovial son mis favoritas por lejos. Las de arroz Tinkyada son mi segunda opción.

SEMILLAS MOLIDAS DE LINO DORADO: uso las Bob's Red Mill.

CALDOS: uso caldos Pacific Natural Foods.

Agradecimientos

Nunca pensé que iban a ofrecerme la oportunidad de escribir mi propio libro de cocina. Hay muchas personas extraordinarias a quienes les debo profundo reconocimiento y eterna gratitud.

Una abundante ración de gracias para Amanda Waddell, Will Kiester, Meg Sniegoski y toda la gente de Fair Winds Press. Me han regalado una oportunidad. Gracias.

Como las actrices premiadas que visten galas rutilantes en la noche de los Oscar, siento que hay muchos a quienes agradecer. ¿Qué sería de nosotros sin las maravillosas amistades que nos acompañan, nos brindan su apoyo y nos hacen reír en todo momento? Afectuosas gracias, Regan Jones, por hacer casi a diario todas estas cosas. Fue divertido recorrer contigo este trayecto y vislumbrar el futuro. Gracias a mi más generosa vecina, amiga y confiable probadora de recetas, Kelly Trout, por aceptar gentilmente montones de comida y devolverme siempre una opinión honesta y amable. Carrie, Amanda, Elaine, Kirsten, Cynthia, Jill y Berit… gracias por su cariño y por estar apenas a una llamada telefónica de distancia.

He sido bendecida con una familia increíble y me parece importante hacer una pausa para expresárselos. Gracias, querida hermana, por probar mis recetas y ser mi vocera. Gracias a mi suegra, Nancy, por hacer de niñera, por decirme que mi comida es buena y por recordarme, cuando se presentaban los desafíos, aquella "maquinita que todo lo puede". Les debo toneladas de gracias a mis adorados padres. A mi papá, por estar radiante de orgullo y vender el libro antes de que estuviera impreso. A mi encantadora mamá, por su inagotable empeño en probar recetas, leer manuscritos, alentarme y rezar. A ti, mi amor, gracias por la paciencia, el apoyo silencioso y las innumerables horas que dedicaste a nuestro hijo mientras yo me encorvaba sobre la cocina, el fregadero, el equipo fotográfico y el ordenador. A mi dulce niño, gracias por traer a mi vida alegría, sonrisas y peleas con espada contra los chicos malos. Y gracias por ser un buen comensal. Te amo.

Y gracias a la infinita creatividad de mi Padre que mantiene todo unido. Gracias por regalarme una pizca de tu creatividad y por permitirme compartirla con otros. Bendícelos. Concédeles esperanza y salud.

Un agradecimiento especial a quienes probaron mis recetas

Adina Pease, Alysa Bajenaru, Amanda Koch, Anna Courie, Carrie Zarechnak, Clare Minges, Cynthia Roelle, E. A. Stewart, Elaine Case, Emily Teufel, Emma Cutfield, Jeannine Smith, Jenifer Humphries, Kelly Trout, Kimberly Collins, Kirsten Braatz, Laura Hurlburt, Leah Stewart, Lisa Martin, Marissa Farrell, Melinda Buchanan, Melissa Brooker, Meredith Neill, Pam Pailes, Regan Jones, Sarah Dawson, Susan Feldtman, Teresa Raymond, Tracey Linneweber y Tricia Loughridge.

Millones y millones de gracias a aquellos familiares y amigos cercanos y a aquellos generosos lectores de mi blog que probaron estas recetas y me demostraron su constante adhesión. Con humildad les agradezco que hayan salido al ruedo para ayudarme con este proyecto. No me cansaré de repetirlo. ¡Gracias por apoyarme!

Algunos comentarios sobre las recetas

Panqueques de zanahoria con cobertura de queso crema: "¡Me encanta la idea de arrancar con unos panqueques de zanahoria sin gluten y saludables! ¡Tienen un sabor delicioso y una textura levemente crujiente, más la cobertura de queso crema que les da un toquecito lujurioso!" **E. A. Stewart**

Crema caliente de quinua: "Es el remedio perfecto para la 'sobredosis de avena'. Agradablemente dulce, exquisita, sin duda encontrará un puesto permanente entre las opciones para el desayuno." **Kimberly Collins**

Revuelto de boniatos con jamón: "Resultó sorprendente por la maravillosa complejidad de su sabor. A pesar de que no es afecto a los boniatos ni al jamón, mi marido dejó el plato limpio. Y mi chiquita de 11 meses se lo devoró. Como ventaja adicional, ya venía en trocitos del tamaño de un bocado, así que me ahorró el trabajo de cortarlo para ella." **Sarah Dawson**

Guacamole de mango: "La fresca versión de Gretchen convierte este clásico en la estrella de cualquier comida. Es un manjar tan sabroso que no hacen falta los nachos. ¡A comerlo con cuchara!" **Kelly Trout**

Chocolate caliente especial: "La combinación de leche de coco y extracto de almendras crea un sabor fresco que rivaliza con el tradicional agregado de menta. ¡Es riquísimo, auténtico chocolate en todo su esplendor!" **Adina Pease**

Tiritas de pollo rebozadas con pacanas: "Supersabrosas, con la dosis de picante suficiente, pero no en exceso para los niños. ¡Simples, rápidas y saludables! ¡Una incorporación definitiva a nuestro menú semanal!" **Melissa Brooker**

Espaguetis con albóndigas: "Una receta a mi gusto: rápida, fácil y deliciosa. Anoche escuché las palabras que toda madre anhela oír a la hora de la cena: ¿Puedo comer más?" **Lisa Martin**

Ensalada italiana rústica con pollo grillado: "¡Para chuparse los dedos! Todos la disfrutamos. Al día siguiente los niños seguían hablando de ella y preguntando cuándo volveríamos a saborearla en la cena." **Alysa Bajenaru**

Ensalada de pollo con estragón y limón: "Esta receta aventaja a todas las otras ensaladas de pollo. Los ingredientes frescos crean una comida memorable. ¡Nunca volveréis a usar hierbas secas en una ensalada!" **Emma Cutfield**

Chili con chocolate: "El sabor resultó estupendo y el chocolate se lució otorgándole al chili untuosidad y sedosidad sin darle un dulzor excesivo." **Meredith Neill**

Sopa de pollo con curry rojo: "Se sabe que la sopa es un éxito cuando los niños no solo se la toman hasta la última gota, sino que además nos ruegan que la preparemos otra vez." **Laura Hurlburt**

Guisantes a la indiana: "¡Los guisantes no tienen por qué ser aburridos! Estos pequeñines tienen un carácter exótico, sugestivo, fogoso y las zanahorias aportan la nota crujiente precisa. Son tan fáciles, que los voy a preparar con mucha frecuencia." **Jeannine Smith**

Bizcochos dulces de naranja: "¡Yum! Como dice mi familia: ¿Cuándo los hacemos de nuevo?" **Pam Pailes**

Plátanos con salsa de caramelo y chocolate: "Quedé fascinada con el sabor y la textura de los plátanos y el equilibrio perfecto entre chocolate y caramelo. ¡Uno de mis niños dijo que eran como una fiesta de chocolate en su boca!" **Jenifer Humphries**

Galletas de almendras y canela: "Adorables. Fáciles. Exquisitas." **Susan Feldtman**

Galettes **de manzana:** "De-li-cio-sas. Mi plan era reservarlas para el postre de esta noche, pero tenían un aspecto y un aroma tan tentadores, que no pudimos resistir, así que mi maridito y yo compartimos una recién salida del horno." **Melinda Buchanan**

Muffins **de calabaza con *chips* de chocolate:** "Tienen un sabor muy logrado. Me gusta usar los chips de chocolate miniatura porque entran varios en cada bocado y no hay que andar cazándolos como a los grandes." **Carrie Zarechnak**

La autora

La nutricionista **GRETCHEN F. BROWN** es la fundadora de www.kumquatblog.com, un blog dedicado a difundir la convicción de que la comida sin gluten puede y debe ser fácil de preparar, saludable y apetitosa para todos.

Gretchen ha trabajado en las cocinas experimentales y en los estudios fotográficos de Oxmoor House. En la actualidad se desempeña en forma independiente como desarrolladora de recetas, estilista culinaria, escritora gastronómica y fotógrafa de comidas. Adoptó la alimentación sin gluten hace varios años, después de padecer durante mucho tiempo dolores de estómago y problemas de salud.

Vive con su marido y su hijo en Charlottesville, Virginia, Estados Unidos.

Índice temático

A

aceite de coco, 27
ácido láurico, 27
agentes aglutinantes, 15, 142
aguacate
    guacamole de mango, 38
    tacos de cerdo con salsa de aguacate y tomate, 79
alimentos que deben evitarse, 11
alioli enriquecido, 82
almendras
    chocolate caliente especial, 46
    galletas de almendras y canela, 125
aloe, limonada, 42
amasados
    véase también bizcochos; galletas, galletas y barritas; panes
    agentes aglutinantes, 15
    barritas de cacahuete con pasas bañadas en chocolate, 157
    bizcochos de cheddar y eneldo, 117
    bizcochos de parmesano, 123
    bizcochos dulces de naranja, 121
    características de las recetas, 16
    cheesecake de lima y limón con base de galletas de jengibre, 150
    galettes de manzana, 146
    harinas, 12-15
    masa *brisée*, 122
    masa de pizza sin gluten, 141
    masa *sucrée*, 122
    minipasteles de chocolate sin harina con salsa praliné, 149
    muffins de calabaza con *chips* de chocolate, 160
    pan de higos y jengibre, 167
    pan de limón y amapola para el té, 153
    pan de maíz y miel a la sartén, 118
    pasteles de chocolate y café, 156
    pastelitos de piña colada, 159
    pop-tarts caseras de arándanos, 145
    scones de avena con frutos rojos, 142
    scones de avena con pacanas y jarabe de arce, 154
arándanos
    cazuelitas de salchicha, arándanos, manzana y pacanas, 105
    coles de bruselas con arándanos y nueces, 112
    pop-tarts caseras de arándanos, 145
    tortitas de maíz y arándanos, 22
arroz a la española, 110
arrurruz, 13
autismo, 11
avena
    barritas de cacahuete con pasas bañadas en chocolate, 157
    granola con coco, almendras, albaricoques y dátiles, 27
    panqueques de avena y canela con salsa de moras, 24
    scones de avena con frutos rojos, 142
    scones de avena con pacanas y jarabe de arce, 154
aves
    véase pavo; pollo

B

balanza de cocina, 16
barritas
    véase galletas, galletas y barritas
bases para tartas
    base de galletas de jengibre, 150
    base de masa, 122
bebidas
    chocolate caliente especial, 46
    limonada con aloe, 42
    limonada con cerezas, 45
    sidra caliente con cítricos, 46
berenjenas, parmesana, 59
bizcochos
    bizcochos de cheddar y eneldo, 117
    bizcochos de parmesano, 123
    bizcochos dulces de naranja, 121
boniatos, revuelto con jamón, 32
brócoli, ensalada, 103

C

cacahuete
    barritas de cacahuete con pasas bañadas en chocolate, 157
    galletas con todo y sin cocción, 130
    cuadrados crocantes de cacahuete y chocolate, 136
café, helado con *chips*, 126
café, pasteles de chocolate, 156
calabaza, muffins con *chips* de chocolate, 160
canela, panqueques de avena con salsa de moras, 24
cangrejo, tortitas clásicas, 56
carne de res
    bistec grillado con glaseado de naranja, 65
    carne al estilo mongol, 68
    chili con chocolate, 89
    espaguetis con albóndigas, 85
    nachos a lo grande, 41
cazuelitas de salchicha, arándanos, manzana y pacanas, 105
celiaquía, 11
cerdo
    véase también tocino
    costillas de cerdo con chucrut, 78

revuelto de boniatos con jamón, 32
tacos de cerdo con salsa de aguacate y tomate, 79
cerezas, limonada, 45
cerveza, 61
cheddar y eneldo, bizcochos, 117
cheesecake de lima y limón con base de galletas de jengibre, 150
chiles
    chili con chocolate, 89
    salsa de chile, 87
chocolate
    barritas de cacahuete con pasas bañadas en chocolate, 157
    blondies de chocolate blanco, coco, lima y pacanas, 166
    brownies trufados triple chocolate, 164
    chili con chocolate, 89
    chocolate caliente especial, 46
    craqueladas de menta y chocolate, 131
    cuadrados crocantes de cacahuete y chocolate, 136
    galletas con todo y sin cocción, 130
    galletas de jengibre con chocolate blanco, 135
    galleta gigante con trozos de chocolate, 129
    macarrones de coco, 130
    minipasteles de chocolate sin harina con salsa praliné, 149
    muffins de calabaza con chips de chocolate, 160
    pasteles de chocolate y café, 156
    planchuelas frutadas, 132
    plátanos con salsa de caramelo y chocolate, 125
cilantro y lima, hummus, 34
cítricos orgánicos, 84, 121
cobertura de queso crema, 23
coco
    blondies de chocolate blanco, coco, lima y pacanas, 166
    chocolate caliente especial, 46
    granola con coco, almendras, albaricoques y dátiles, 27
    macarrones de coco, 130
    panqueques de coco, plátano y macadamias, 28
    pastelitos de piña colada, 159
coles de bruselas con arándanos y nueces, 112
crema caliente de quinua, 31
crepes de trigo sarraceno con tocino y huevos, 21
curry rojo, sopa de pollo, 90
pastelitos de piña colada, 159

D

desayuno, 17-32
dieta sin gluten, 11
dulces, 12
    véase también amasados; chocolate; galletas, galletas y barritas

E

enchiladas de verdura y pollo, 62
endiablados, huevos con rábano picante, tocino y cheddar, 37
enfermedad autoinmune, 11
enfermedad de Ménière, 11
enfermedad de Raynaud, 11
ensaladas
    ensalada de brócoli, 103
    ensalada de pollo con estragón y limón, 100
    ensalada de rúcula con naranja, granada y *chips* de parmesano, 96
    ensalada italiana rústica con pollo grillado, 95
    tabule de quinua, 99
espaguetis con albóndigas, 85
espárragos
    espárragos asados con mantequilla rubia, 110
    salmón con espárragos y alioli enriquecido, 82
espinaca, *omelette* de queso y tomate, 19
estofado de Frogmore, 61

F

fécula de maíz, 14, 22
fécula de patata, 14
féculas, 13-14
fideos cuatro quesos, 102
frittata de vegetales, 31
frutadas, planchuelas, 132
frutos rojos, *scones* de avena, 142
frutos secos
    galletas de almendras y canela, 125
    granola con coco, almendras, albaricoques y dátiles, 27
    panqueques de coco, plátano y macadamias, 28
    planchuelas frutadas, 132
    tiritas de pollo rebozadas con pacanas, 74

G

galettes de manzana, 146
galletas, galletas y barritas
    barritas de cacahuete con pasas bañadas en chocolate, 157
    blondies de chocolate blanco, coco, lima y pacanas, 166
    brownies trufados triple chocolate, 164
    craqueladas de menta y chocolate, 131
    cuadrados crocantes de cacahuete y chocolate, 136
    galletas con todo y sin cocción, 130
    galletas de almendras y canela, 125
    galletas de azúcar y canela, 163
    galletas de jengibre con chocolate blanco, 135
    galleta gigante con trozos de chocolate, 129
    macarrones de coco, 130
garam masala, 81, 104
garbanzos
    hummus con cilantro y lima, 34
gluten, 10, 11, 15
goma guar, 15
goma xántica, 15
granola con coco, almendras, albaricoques y dátiles, 27

guacamole de mango, 38
guisados
    chili con chocolate, 89
    dal de lentejas rojas, 81
    estofado de Frogmore, 61
guisantes a la indiana, 104

H

hamburguesas de pavo, 58
harinas
    almacenamiento, 123
    harina de arroz dulce, 13
    harina de arroz integral, 12
    harina de avena, 13
    harina de coco, 13, 28
    harina de maíz, 13, 22
    harina de sorgo, 12
    harina de tef, 13
    harina de trigo sarraceno, 12, 21
    harina gruesa de maíz amarillo, 22
    harina multipropósito sin gluten, 15
    harinas de frutos secos, 13
    harinas de grano, 12-13
    harinas de legumbres, 13
    mezclas, 14-15
    pesaje, 14, 16
helado de café, 126
hierbas secas, 100
huevos
    crepes de trigo sarraceno con tocino y huevos, 21
    frittata de vegetales, 31
    huevos *en cocotte*, 18
    huevos endiablados con rábano picante, tocino y cheddar, 37
    huevos rancheros, 32
    omelette de queso, tomate y espinaca, 19
hummus con cilantro y lima, 34

J

jamón, revuelto de boniatos, 32
jarabe de arce, 24
    scones de avena, 154
jengibre
    base de galletas de jengibre, 150
    galletas de jengibre con chocolate blanco, 135
    pan de higos y jengibre, 167
judías
    judías rojas con arroz y salchicha, 80
    judías verdes fritas con salsa de rábano picante, 107

L

langostinos
    arrolladitos de langostinos, 84
    estofado de Frogmore, 61
    tempura de langostinos con salsa de chile, 87
lentejas rojas, dal, 81
lima y limón, *cheesecake* con base de galletas de jengibre, 150
limón y amapola, pan para el té, 153
limonada
    limonada con aloe, 42
    limonada con cerezas, 45

M

macarrones de coco, 130
maíz
    pan de maíz y miel a la sartén, 118
    tortillas de maíz artesanales, 114
    tortitas de maíz y arándanos, 22
mango, guacamole de 38
manipular chiles, 38
mantequilla, bollos 115
manzana, *galettes*, 146
mariscos
    véase también pescado
    arrolladitos de langostinos, 84
    estofado de Frogmore, 61
    tempura de langostinos con salsa de chile, 87
masas
    masa *brisée*, 122
    masa de pizza, 141
    masa *sucrée*, 122
    masas para tartas, 122
melaza, 135

melocotones Foster, 136
menta y chocolate, craqueladas, 131
mero, *piccata*, 67
mezcla para toda ocasión, 34
mise en place, 16, 55, 80
muffins de calabaza con chips de chocolate, 160

N

nachos a lo grande, 41
nitratos, 105
nitritos, 105

O

omelette de queso, tomate y espinaca, 19

P

panes, 113
    bollos de mantequilla, 115
    pan de higos y jengibre, 167
    pan de limón y amapola para el té, 153
panqueques
    panquecón de pera, 139
    panqueques de avena y canela con salsa de moras, 24
    panqueques de coco, plátano y macadamias, 28
    panqueques de zanahoria con cobertura de queso crema, 23
    tortitas de maíz y arándanos, 22
pastas
    espaguetis con albóndigas, 85
    fideos cuatro quesos, 102
pasteles
    cheesecake de lima y limón con base de galletas de jengibre, 150
    pastelitos de piña colada, 159
    minipasteles de chocolate sin harina con salsa praliné, 149
    pasteles de chocolate y café, 156
patatas, puré con ajo, hierbas y tocino, 108
pavo
    hamburguesas de pavo, 58
    picadillo de pavo, 64
    sándwiches grillados de queso y pavo, 58

pelar a vivo, 96
pera, panquecón, 139
pescado
   véase también mariscos
   chowder de pescado, 94
   piccata de mero, 67
   salmón con espárragos y alioli enriquecido, 82
   tilapia a la sartén con cítricos y tomates, 73
piñones, 71, 95
pizzas
   masa de pizza, 141
   pizza de mozzarella con piñones, pasas de uva y rúcula, 71
   pizza con salsa barbacoa, 72
   pizza Margarita, 77
planchuelas frutadas, 132
plátanos
   panqueques de coco, plátano y macadamias, 28
   plátanos con salsa de caramelo y chocolate, 125
pollo
   enchiladas de verdura y pollo, 62
   ensalada de pollo con estragón y limón, 100
   ensalada italiana rústica con pollo grillado, 95
   filetes, 49, 53
   pastel de pollo, 50
   pizza con salsa barbacoa, 72
   pollo al limón estilo chino, 55
   pollo al marsala, 49
   salteado de pollo, 54
   saltimbocca de pollo, 53
   sopa de pollo con curry rojo, 90
   sopa de tortilla y pollo, 93
   tiritas de pollo rebozadas con pacanas, 74
pop-tarts caseras de arándanos, 145
postres
   véase amasados; chocolate; galletas, galletas y barritas
praliné, salsa, 149

Q

quesos
   fideos cuatro quesos, 102
   nachos a lo grande, 41
quinua
   crema caliente de quinua, 31
   tabule de quinua, 99

R

rancheros, huevos, 32
reacción alérgica, 11
remolachas asadas con cebolla, nueces y eneldo, 109
rúcula, ensalada con naranja, granada y chips de parmesano, 96

S

salchicha
   cazuelitas de salchicha, arándanos, manzana y pacanas, 105
   estofado de Frogmore, 61
   judías rojas con arroz y salchicha, 80
salmón con espárragos y alioli enriquecido, 82
salsas
   salsa de chile, 87
   salsa praliné, 149
salsas para untar
   guacamole de mango, 38
   hummus con cilantro y lima, 34
sándwiches grillados de queso y pavo, 58
scones
   scones de avena con frutos rojos, 142
   scones de avena, 154
semillas de lino, 15, 142
sensibilidad no celíaca al gluten, 11
sidra caliente con cítricos, 46
soja, salsa, 54, 68
sopas
   chowder de pescado, 94
   sopa de pollo con curry rojo, 90
   sopa de tortilla y pollo, 93
spray de cocina, 41
suero de mantequilla, 117

T

tabule de quinua, 99
tacos de cerdo con salsa de aguacate y tomate, 79
tapioca, 14
tempura de langostinos con salsa de chile, 87
tentempiés
   mezcla para toda ocasión, 34
   nachos a lo grande, 41
termómetro de repostería, 107
tilapia
   chowder de pescado, 94
   tilapia a la sartén con cítricos y tomates, 73
tocino
   crepes de trigo sarraceno con tocino y huevos, 21
   huevos endiablados con rábano picante, tocino y cheddar, 37
   puré de patatas con ajo, hierbas y tocino, 108
tortillas
   sopa de tortilla y pollo, 93
   tortillas de maíz artesanales, 114
tragos
   véase bebidas
trigo sarraceno, crepes con tocino y huevos, 21
triple chocolate, *brownies* trufados, 164

V

vegetales
   véase también vegetales específicos
   frittata de vegetales, 31
   verdura salteada, 103

Z

zanahorias
   panqueques de zanahoria con cobertura de queso crema, 23
   zanahorias glaseadas, 108
zumo de aloe vera, 42